阅

阅读成就思想……

Read to Achieve

跟大师学指数投资

[美] 查尔斯·埃利斯（Charles D. Ellis）◎ 著
朱再青 ◎ 译

THE INDEX REVOLUTION

Why Investors Should Join It Now

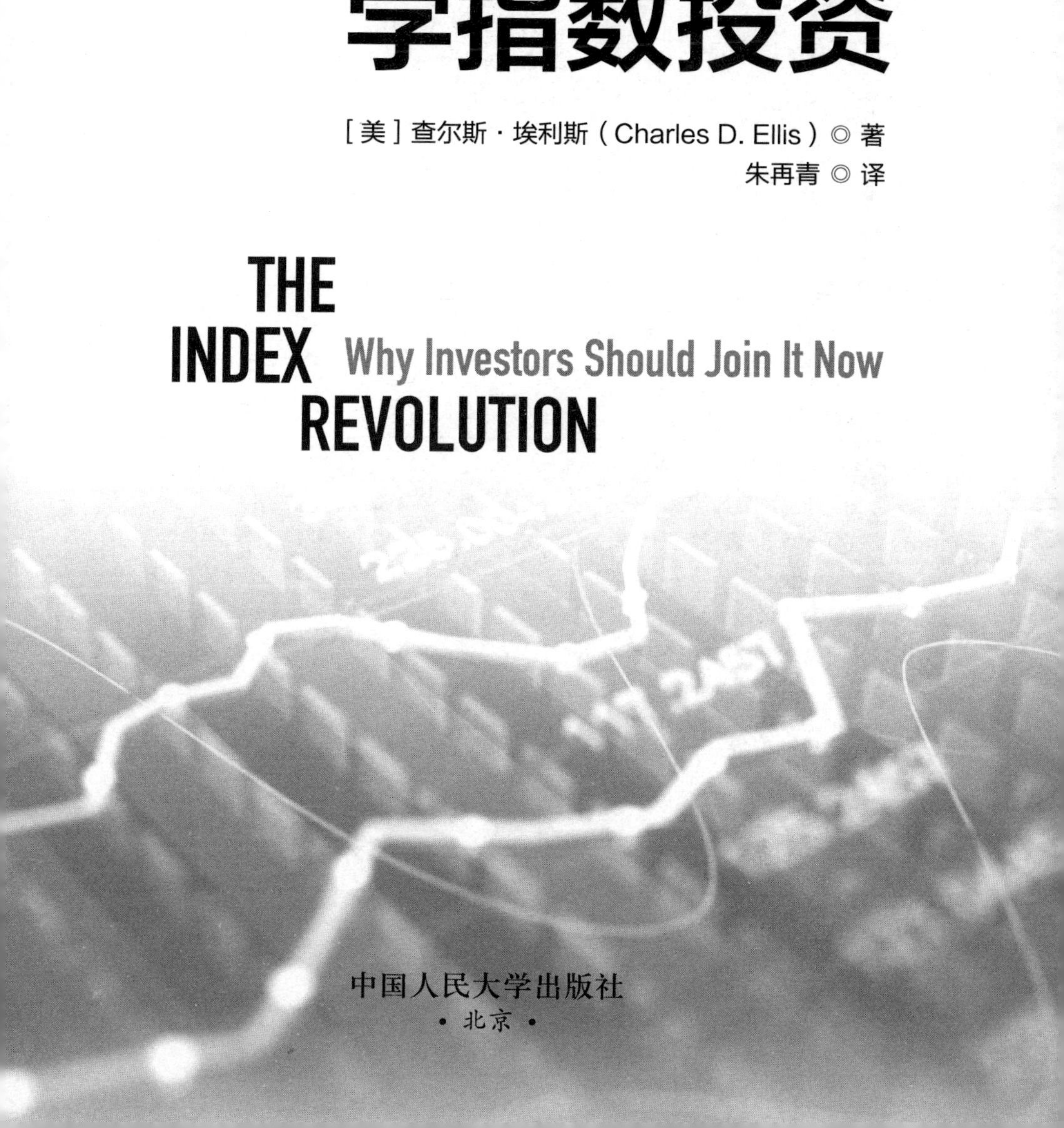

中国人民大学出版社
· 北京 ·

图书在版编目（CIP）数据

跟大师学指数投资 /（美）查尔斯·埃利斯（Charles D. Ellis）著；朱再青译．— 北京：中国人民大学出版社，2019.1

书名原文：The Index Revolution：Why Investors Should Join It Now

ISBN 978-7-300-26578-0

Ⅰ．①跟… Ⅱ．①查… ②朱… Ⅲ．①股票投资—基本知识 Ⅳ．①F830.91

中国版本图书馆 CIP 数据核字（2018）第 290738 号

跟大师学指数投资

[美] 查尔斯·埃利斯（Charles D. Ellis） 著

朱再青 译

Gen Dashi Xue Zhishu Touzi

出版发行	中国人民大学出版社		
社　　址	北京中关村大街 31 号	**邮政编码**	100080
电　　话	010-62511242（总编室）		010-62511770（质管部）
	010-82501766（邮购部）		010-62514148（门市部）
	010-62515195（发行公司）		010-62515275（盗版举报）
网　　址	http：//www.crup.com.cn		
	http：//www.ttrnet.com（人大教研网）		
经　　销	新华书店		
印　　刷	天津中印联印务有限公司		
规　　格	148mm×210mm　32 开本	**版　　次**	2019 年 1 月第 1 版
印　　张	6.5　插页 1	**印　　次**	2019 年 1 月第 1 次印刷
字　　数	103 000	**定　　价**	65.00 元

The Index Revolution

Why Investors

Should Join It Now

作者简介

查尔斯·埃利斯（Charles D. Ellis）终生服务于投资界，于2003年获得由特许金融分析师（Chartered Financial Analyst，CFA）协会颁发的投资界终身成就奖，与沃伦·巴菲特、大卫·史文森等人并肩，是投资界仅有的14位获奖者之一。他曾在全球三大大学捐赠基金中的两家、全球十大主权财富基金中的三家担任过领导职位，也曾长期在哈佛商学院和耶鲁大学管理学院讲授高级投资课程。

在过去的50多年中，查尔斯·埃利斯从洛克菲勒公司的证券分析员做起，不断对投资管理进行实践探索和理论归纳，形成了自己完整的思想体系，并且用这个体系指导投资实践，从而获得了辉煌的成绩。他于1992年进入耶鲁大学捐赠基金投资委员会工作，1999 年开始担任该委员会主席，直至 2008 年任期届满退休。在他的领导下，耶鲁大学捐赠基金规模从 1992 年的 30 亿美元增长至 2008 年的 230 亿美元。

在查尔斯·埃利斯辉煌的职业生涯中，他曾任特许金融分析师协会主席、国际商业战略咨询机构格林威治联营公司（Greenwich Associates）的管理合伙人、美国先锋集团（The Vanguard Group）董事会董事、罗伯特·伍德·约翰逊基金会（Robert Wood Johnson Foundation）的基金受托人和财务委员会主席以及其他机构的领导职务。他毕业于耶鲁大学，后来长期担任耶鲁大学校董事会董事。

查尔斯·埃利斯既是一位久经沙场的战士，战绩彪炳，也是一位睿智的学者，著述颇丰。他有 17 本关于投资管理的著作，其中包括最畅销的《赢得输家的游戏》（*Winning the Loser's Game*）。

查尔斯·埃利斯现任美国麻省理工学院白头研究所（Whitehead Institute）董事会主席以及沙特阿拉伯阿卜杜拉国王科技大学投资委员会委员。他也为包括中国在内的一些国家的金融机构提供咨询服务。

中文版推荐序

张磊
高瓴资本集团创始人兼首席执行官

每一位投资者都有自己的朝圣之路。无论其笃信哪家投资流派，还是单打独斗自创招式，历经资本市场洗礼而显露峥嵘者，自当越走越远。作为当今最伟大的投资思想家和实践家之一，查尔斯·埃利斯先生在《跟大师学指数投资》一书中，以极其深邃的投资哲学和极富洞见的科学精神，为我们指明了一条新的朝圣之路。

查尔斯·埃利斯先生在本书中讲到，“指数投资”作为一种投资策略和资产配置方案，伴随着资本市场在投资者结构、交易规模、科学技术、投资产品及工具、监管政策等领域的显著变化，已经向世人展示了它的独特风格和卓越价值，而且历史数据和当前趋势也表明，它在未来仍将引领新的潮流。这对以打败市场（beat the market）而获得相对收益的投资模式来说，无疑是一次巨大冲击。人们需要重新审视对于主动投资（active investment）的极度热衷，需要深刻理解投资者和市场的均势平衡，需要不断回归对于投资行为的敬畏和惶恐。同时，“革命”意味着这种变化必将带来不可低估的形势扭转，甚至重新定义投资表现的价值坐标。因此，无论是机构投资者还是个人投资者，都应当向指数革命的先觉者致敬。

与其建立自己的投资信仰，不如重塑自己的投资哲学。在我看来，查尔斯·埃利斯先生绝不仅仅是讲述指数投资的发展历史，也不是去敦促人们改变过去的成功范式，更不是单纯地发表演说表述观点。他以一种学者的睿智和实践者的笃实，启迪人们进行连续的、辩证的、审慎的独立思考。面对不断变化的资本市场，任何不切实际的投资信仰都只能成为某种“投资陷阱”，投资先贤的“思想学说”不是包治百病的万灵药，任何迷信盲从都将被市场证伪。相反，完整的投资哲学则是如何在资本市场中建立长期正确的认识论和发展观。唯有以严谨的治学精神去认识市场，提炼出最符合当下的投资策略，以最有效的投资手段去参与市场，静候时间的玫瑰，懂得“延迟满足”，才能够“适者生存”。

“横看成岭侧成峰，远近高低各不同”。我想引用这句古诗来为查尔斯·埃利斯先生在《跟大师学指数投资》一书中的投资思想作注脚。如果把某家公司的股票比作一座山峰，那么指数就像群山峻岭。专注于某家具体公司的表现，就像身临山涧，云雾缭绕，尽管风景奇绝，却不壮美。指数投资以最简单的方式紧紧锚定投资者的核心价值，投资者只需关注最重要的投资原则和符合自身的长期投资目标，从而回归投资本质——关注企业的盈利和成长，而无须陷于市场的短期波动、企业的一时成败和市场环境的朝夕变化，从而取得卓越业绩。正所谓“会当凌绝顶，一览众山小”，指数投资开启了一种理解投资的全新视角，尤其是对于捐赠基金等超长期价值投资者来说，这种化繁为简的投资视角和抱朴守拙的投资初心相得益彰。

当我理解了查尔斯·埃利斯先生的“指数投资”后，突然想到这与老子的“上善若水”不谋而合。“水善利万物而不争，此乃谦下之德也”“以其不争，故天下莫能与之争”“夫唯不争，故无忧”。或许，主动投资在足够多聪明的投资者中间，只能陷入意气之争的囚徒困境，而“指数投资”善顺势而为，以其洒脱之形、稳健之势，在长期的投资业绩中脱颖而出。

对于中国来说，《跟大师学指数投资》绝不超前。尽管中国资本市场远达不到查尔斯·埃利斯先生所观察到的成熟资本市场所应有的发展程度，但指数投资仍然可以凭借其天然的优势成为中国投资者（尤其是更富远见的超长期投资者）的一个重要选项。在中国古代，老人 80 岁被称为杖朝之年，查尔斯·埃利斯先生在其 80 岁时仍笔耕不辍，因此中国的读者和投资者是幸运的，能够搭乘“时间机器”去窥探未来革命，这对于努力追求投资真谛的我们尤为难得。

我非常感谢查尔斯·埃利斯先生对我的信任，让我来为这本书的中文版作推荐序。查尔斯·埃利斯先生早年创办格林威治联营公司，一直以理性和智慧为大型投资机构和组织提供投资顾问服务，他的坦率、诚恳和坚持让我们深受鼓舞和启发。在高瓴资本的投资历程中，我们无时无刻不在深省，究竟怎样的投资哲学才能够在变化无常的资本市场中取得建树，一位出色的投资者究竟应当具备怎样的投资品格，我们是否能够在更长期的时间轴上找到属于自己的坐标。我想读完查尔斯·埃利斯的著作，每个人能得到属于自己的答案。我们非常荣幸能够与大家一起来读《跟大师学指数投资》这本书。

The Index Revolution
Why Investors Should Join It Now
原版书推荐序

伯顿·马尔基尔（Burton G. Malkiel）
美国经济学家和作家
《漫步华尔街》（*A Random Walk Down Wall Street*）一书的作者

我毕生笃信指数投资。所以，能为本书作序，并且为本书所倡导的理念说上几句，我深感荣幸。《跟大师学指数投资》不仅介绍了指数投资50多年的发展简史，而且还是对那些仍未采用这种革命性投资方法的投资者发出的呼吁。如果你仍然被那些收费高昂的主动型共同基金所吸引，甚至糟糕地买入了对冲基金，那么查尔斯·埃利斯在本书中的精辟论述和他所经历的趣闻轶事会让你翻然醒悟：指数投资策略确实很好，每位投资者都应当重仓持有指数基金。

每年，主动型基金都会刊登广告，宣称“今年的行情是主动选股的行情”。有时候，它们会承认投资简洁的指数基金在刚过去的一年是正确的选择。但是，它们总是坚称在接下来的一年中，主动型专业投资管理的价值将会凸显。《巴伦周刊》（*Barron's*）在2015年曾做过一期封面报道，称主动型基金经理会在当年“重现辉煌”。2016年，该周刊又做了同样的封面报道。2014年年初，《华尔街日报》也曾刊登文章预测2014年将有一波主动选股行情。基金经理总会使用一些陈词滥调来推销他们昂贵的基金产品，而且他们最爱使用的说辞之一就是“今年将迎来选股行情”。但是，年复一年，每当揭晓投资业绩时，投资低成本的指数基金总被证明是最佳的投资策略。

无论牛市还是熊市，无论震荡市还是单边市，指数投资的表现始终都优于主动型投资，而且即使在加息周期中，指数投资也可能是一种不错的投资策略。因为没人能够不停地、正确地低买高卖，所以主动型投资策略无法帮你躲过市场下跌。迄今为止，没有证据显示主动型基金经理能够跑赢大市。你也许会反驳，每年总有一些主动型基金跑赢了大市，但我们需要知道的是，想要提前找到这些基金的可能性极小。而且基金的投资业绩一般都是不稳定的，也就是说，如果一只基金在今年跑赢大市，并不代表它明年还能跑赢大市。基金评级机构晨星公司（Morningstar）通过研究发现，基于历史业绩给出的基金评级并无法有效地预测基金未来的业绩。那些拿到晨星公司最高的五星评级的基金在下一年的投资业绩往往比拿到一星评级的基金还要糟糕。

晨星公司还发现，基金收费是唯一一个与下一年基金业绩相关的变量。论投资业绩，低收费、低交易频次的基金通常比高收费、高交易频次的基金好（即使忽略不计为高交易频次基金所需支付的额外税款[①]）。很明显，低收费、低交易频次的基金就是指数基金。指数基金不会频繁地交易个股，而仅仅买入并持有目标市场中的所有股票。

2016年，标准普尔道琼斯指数发布了一份统计分析报告，报告中披露了主动型基金经理惨淡的投资业绩。跟以往一样，2015年，大盘股主动型基金经理中每三位就有两位跑输了标普500大盘股指数。虽然小盘股市场没有大盘股市场那么有效，但是小盘股主动型基金经理也没有因此获得更好的业绩。大约75%的小盘股基金经理跑输了标普小盘股指数。标准普尔道琼斯指数还计算了更长时间范围内的基金业绩，它们发现主动型基金的业绩更糟糕。2005年12月至2015年12月这十年间，超过80%的大盘股基金经理和大约90%的小盘股基金经理跑输了他们各自的业绩基准。

国际市场上也发生了同样的现象。在市场较为低效的新兴市场，指数基金也常常会跑赢主动型基金。其实，恰恰由于新兴市场的低效（比如较大的买卖价差、较高的市场冲击成本和形形色色的交易印花税等），而使买入并持有一个指数化的投资组合成了一种最佳投资策略。而且，指数投资在债券市场上也

① 美国税法对持仓不足一年的证券交易收入会征收额外税项。——译者注

证明了自己的价值。主动型投资常常被认为是进入高收益债券市场的最优策略，因为被动型投资工具由于其产品结构特点在处理债券信用风险时缺少灵活性和可操作性。但是，标准普尔道琼斯指数通过研究发现，在2005年至2015年这十年间，超过90%的主动型高收益率债券基金的业绩没有跑赢它们的基准。

的确，在每个时期都有一些基金经理能够跑赢大市。但是，即使是明星基金经理，他们也无法一直跑赢大市。在某段时期业绩最出色的基金经理往往不会出现在下一期最佳基金经理的名单中。比如，连续十多年斩获不菲投资业绩的威廉·米勒（William Miller）在接下来的数年中的投资业绩也可能逊色于大盘。而对于投资者来说，想要提前选到一位能够在未来十年都能够跑赢大市的基金经理的可能性几乎为零。更有可能的是，投资者会选到一位业绩平平却收费高昂的基金经理，而这位基金经理可能会跑输大市，他带来的回报将大约等于他高昂收费与一般指数基金收费的差值。所以，投资低成本的指数基金或者交易所交易基金才是上佳的投资策略。用查尔斯·埃利斯那句很有名的话来说就是，预测下一位明星基金经理就是一场“输家的游戏”。

你是否还是不相信我所说的？在本书中，查尔斯·埃利斯会向你展示一系列让你目瞪口呆的主动型基金跑输大市的证据，来说明为什么尝试跑赢大市就是在做无用功。他还会列举其他一些说明我们要进行指数投资的证据，比如指数投资的简单便捷以及低税赋。如果你还不相信我，甚至不相信查尔斯·埃利斯的话，那么请记住我们这个时代最伟大的投资家沃伦·巴菲特的那句劝诫：只要买入一组多元化的指数基金，任何一位投资者都可能因此获益。

在这本深入浅出的书中，查尔斯·埃利斯讲述了一个关于指数投资的故事。起初，指数投资被鄙视、被认为是糟糕透顶的，甚至是“反美”（un-American）的。后来，越来越多的有力证据表明，指数投资的确是好方法。在本书中，查尔斯·埃利斯强调的是，股票市场的结构变化使基金经理几乎无法持续跑赢大市。50多年前，股票市场由个人投资者主导，专业投资者只要通过企业实地调研、约谈管理层，就能够在第一时间掌握公司的情况，从而买入相应的股票，并且跑赢市场。现如今，约98%的交易由拥有最一流技术的专业投资者完成，而且根据信息披露准则的要求，上市公司需要将任何能够影响其股价的重大事项进行公开，这就使每一位专业投资者几乎都能在同一时间获得相同的市场信息。但是在这样的环境中，想要跑赢大市并赚回交易成本却变得越来越难。

《跟大师学指数投资》一书不仅仅讲述了指数投资在过去50多年中如何被市场慢慢认可的故事，还讲述了查尔斯·埃利斯从一开始笃信主动型投资到后来竭力推崇指数投资的心路历程。查尔斯·埃利斯的第一份工作就是做主动型投资，即信奉经典的证券分析方法和股票投资组合管理理论，并以此来指导投资操作。后来，他成立了格林威治联营公司，主要为金融服务类企业，尤其是大型投资管理公司提供咨询服务。作为资产管理行业发展的一位积极参与者，查尔斯·埃利斯积累了宝贵的第一手经验，并且对于传统的主动型基金为何在日新月异的环境中越来越难跑赢大市有着深刻的理解。

由于证券从业人员越来越专业、越来越有经验，市场同时更趋高效，想要找到偏离合理价值的证券也变得越来越困难，而这正是证券分析和主动选股的逻辑悖论。一旦某个行业或者某家公司发布了新消息，这都会立刻反映在股价上，丝毫没有延迟。这并不意味着股价永远都是"对的"(我们经常在"事后"发现股价常常是"错的")。可是，在任何一个时间点上，没有人能够完全准确地确定一只股票的价格是太高还是太低。所以，与千千万万专业投资者集体智慧的对赌很可能是一场"输家的游戏"。正因如此，在主动选股中，出错的概率比成功的概率更高，而且投资者还需要纳税，因此，主动选股基金可能并不适合投资者。

当美国先锋集团（Vanguard Group）发行第一只指数基金的时候，其主席约翰·博格（John Bogle）希望通过首次公开募股能够募集到 1.5 亿美元。不幸的是，他仅仅募集到了一个零头，即 1140 万美元。所以，这只基金被人称为"博格的荒唐事"。在接下来的几年中，这只指数基金增长缓慢，被专业投资顾问瞧不起，并被视为"平庸，而且无所作为"。但时，经验是最好的老师。随着时间的流逝，投资者开始慢慢意识到，指数投资才是上佳的投资策略，而且低收费的指数基金能够一直跑赢主动型基金。低收费的指数基金开始稳步增长。

时至今日，已有超过 2 万亿美元的资产投资于指数基金，而交易所交易基金（通常挂钩于指数）的资产规模也已经接近于这个水平。晨星公司的分析显示，2015 年，投资者从主动型基金中赎回了超过 2000 亿美元的资金。与此同时，他们将超过 4000 亿美元投入了指数基金。这种转变是资产管理行业正在发生突变的一个缩影。指数投资是一场真正的变革，那些了解指数投资优越性的个人和机构投资者将是最后的赢家。

虽然指数投资在过去几年中增长很快，但其仍只占资产管理市场总资产的约 30%。所以，这场变革还有很长的路要走。仍然有很多投资者在为了某些无用的投资服务支付高昂的投资费用，这证明了幻想的力量压倒了经验。爱因斯坦早就说过："疯狂就是一遍又一遍地做同一件事，而期待会有不同的结果。"

很明显，指数投资才是最佳的投资策略。每一个投资组合都要重仓指数基金，每一只养老基金都应当进行指数投资。如果你还不相信，如果你想请查尔斯·埃利斯来劝说你进行指数投资，那么请你阅读这本精美的小书吧。也许阅读本书只需要两个小时，而你将会因此获得最丰厚的财务回报。

The Index Revolution

Why Investors
Should Join It Now

前言

冒着“聚会刚开始就撤走大酒杯”[①]的风险，或者有可能会得罪我在主动投资界的很多朋友的风险，我写了这本书，主要目的就是要告诉投资者投资界发生的翻天覆地的变化。这些变化是如此巨大且又互相叠加，直接导致追求高回报的投资策略彻底失效。毋庸置疑，主动型基金经理的确非常优秀，可是他们的集体智慧却导致他们中几乎没有一人能够在扣除管理费用后依旧跑赢市场，这着实非常讽刺。面对这样的现实，投资者亟须明白两件事，即投资界到底发生了什么？投资者到底能做些什么来确保自己的投资成功？

① 这句话是威廉·麦克切斯尼·马丁（William McChesney Martin）在担任美国联邦储备委员会主席时（1951 年—1970 年）形容自己职位的一句话。

50 多年前，主动型投资者常常能够跑赢大市，而且还是大幅度跑赢。但是如今，由于金融市场发生了很多根本性的变化，想要跑赢大市已经变得不切实际。投资专家们都有第一手信息以及最先进的技术和设备，他们的集体智慧导致任何一位主动型投资经理在扣除基金运营成本和税费之后几乎不可能跑赢大市。现在是时候做出转变，去投资那些低收费的指数基金和交易所交易基金了。

在完成了从主动型投资到指数投资的转变之后，投资者应当用多出来的时间去关注那些长期投资问题。这些问题非常重要，而且都以我们自身为核心。由于我们的情况（比如收入、资产、时间、责任、经验、专长、对于投资的兴趣等）都不同，所以我们先要制定一套符合我们实际情况的长期投资目标。然后，当我们对资本市场的长期和短期表现都有所了解之后，我们就可以着手设计一套符合实际情况，并且能够帮助我们享受长期投资成功的投资原则①。

对于个人投资者来说，投资原则是其个人对投资的憧憬及其个人长期行为模式背后的信仰。对于机构投资者（比如主权财富基金）来说，投资原则是其深思熟虑后制定的投资行为模式和准则，反映了其对投资的思考和认知。对于提供投资服务

① 投资原则是本书中的一个重要概念，是指从宏观层面引领投资者投资行为的方针和政策。

的投资机构（比如替投资者管理资产的基金公司）来说，投资原则是这些机构经过长期实践检验的投资套路及其独到之处。

所有投资者，无论是个人投资者还是机构，都应当认真地拷问自己是否放弃传统的“跑赢大市”的主动型投资策略。在我看来，有三个令人信服的理由让我们放弃主动型投资：第一，指数投资能够带来稳定的、高于主动型基金的长期投资回报（我们将在本书的第 2 章给出具体的例子）；第二，相较于主动型基金，指数基金的收费较低，个人投资者需缴纳的税赋也较低，而在专业化的金融投资市场中，这一点点的区别也会给投资者的长期投资业绩带来巨大影响；第三，指数投资让我们从主动型投资的烦琐操作中解放出来，从而留出更多时间和精力来思考那些重要的宏观问题。

我希望这本书能够成为一座警钟，帮助很多正在勤奋努力工作的专业投资人士重新定义他们的工作责任和目的。很多年以前，投资经理[①]会在价格发现（寻找其他投资者的失误来跑赢市场）和价值发现（帮助每一位客户思考并定义他们的长期投资目标）这两者中寻找平衡，并确保在价值发现过程中所付出的努力不少于价格发现。他们会为其每一位客户量身定制一套恰到好处的长期投资策略，以帮助客户实现他们的长期投资

① 投资经理是一个泛指的概念。就投资机构来说，投资经理同时包括了基金经理和为基金经理工作的分析员。在此书中，如果没有特指某类、某家投资机构，“投资经理”一词则与“基金经理”一词混用。——译者注

目标。显然，如此定制化的专业投资咨询服务是成不了规模的。而标准化的投资产品却能够迅速形成规模，并成为一门极其赚钱的生意。所以，大多数投资经理越来越强调各类基金和投资产品，而非定制化的专业投资咨询服务。而我认为，现在是时候“再平衡”一下了。这是因为：第一，大部分投资者应当寻求专业意见来制定最适合自己的投资策略；第二，传统的“跑赢大市”的心态已经过时，并与现实脱节了。

世界各个角落的主动型投资经理正变得越来越优秀，他们之间的竞争也变得越来越激烈。每一位投资经理都想在这场比赛中胜出。但是现在，在这场价格发现游戏中，他们几乎没有人期望自己在扣除成本和费用后，能够战胜其他所有同样优秀的投资专家。事实告诉我们，金融市场已经经历了长期的剧烈变化，如今已经不再值得去为了跑赢大市而承担那么高昂的费用、成本和风险了。以前的那一套金钱游戏早就结束了。

在过去的半个世纪中，随着大量人才、信息、专业知识和技术的急剧涌入，证券市场和投资管理行业发生了显著的变化，而基金的收费也水涨船高。主动型投资的核心理念曾经产生过积极的影响，可是正因为这些变化，主动型投资目前已经发展到了钟形曲线的尾端，而且几乎变成了一场输家的游戏[①]。

① 输家的游戏是指类似于业余网球比赛一样的比赛，比赛的输赢结果由输家的失误和错误决定，而不是由赢家的成功决定。

目前，大多数共同基金、养老基金和捐赠基金都在进行主动型投资，它们的投资组合通常由 60 ~ 80 只股票构成，每年的换手率高达 60% ~ 100%。我们将在本书的第 2 章中提到，在股票市场中，专业投资者和计算机算法完成了超过 98% 的交易。与主动型投资经理进行交易的对手几乎总是同样优秀的主动型投资专家，而这些专家都能够与全球信息网络互联，他们消息灵通，因此很难被打败。

虽然市场已经高度有效，一些杰出的投资机构①仍然能够在扣除费用、成本和税款后跑赢大市，而其他投资机构则只是常常相信自己或者宣称自己能够跑赢大市。其实，即使对于那仅有的几家能够长期跑赢大市的投资机构来说，它们跑赢大市的幅度也是很小的。更糟糕的是，没有方法能够帮助投资者提前鉴别出哪些投资机构将会跑赢大市，投资者需要知道的是，基金展示的过往投资业绩数据常常都是扭曲的，可能会对他们产生误导。

幸运的是，个人或者机构投资者并不一定要参与主动型投资这场输家的游戏。长期来看，那些采用了低成本的指数投资方法，并接受了主动型投资专家已经尽可能把证券价格设定在

---

① 这些投资机构通常是一些不起眼且经常变化的小公司。在大型投资公司中，有三家应当非常优秀，它们分别是专注于低成本、指数化和缜密甄别外部主动型投资经理的美国先锋集团，注重独家研究、强调长期价值和投资纪律的美国资金集团（Capital Group）和美国普信资产管理集团（T. Rowe Price）。

一个合理水平这一基本现实的指数投资者，都会获得优异的投资业绩。指数投资将会胜过其他类型的投资，尤其是主动型投资，因为它是一种曾经被寄予厚望但现在已经落伍（除极少个例以外），而且必然会让投资者失望的投资策略。

本书的第一部分是对往事的回忆，记录了我在过去半个世纪的心路历程，从起初信心满满、无比激动地去做主动型投资，到亲眼目睹金融市场不断的变化，而逐渐对主动型投资产生怀疑，直到最后得出一个不证自明的结论：股票市场已经发生巨变，成本和费用变得极其重要，对几乎所有的投资者来说，最明智的选择是进行低成本的指数投资。由于每一位投资者的投资原则都独一无二，与之相关的投资决策也至关重要，所以所有投资者都应当集中精力去思考并建立属于自己的投资原则。

本书的第二部分介绍了进行指数投资的十个理由。这些理由有力地证明了进行指数投资是包括个人投资者和机构投资者在内的大部分投资者的明智之选，或者至少大部分投资者应当认真考虑是否应当开始进行指数投资了。在这十个理由中，前四个理由是最主要的且无可辩驳的，而后六个理由也都很重要。每个理由都有单独的一章进行详述。在此，我先简要列出这十个理由。

1. 过去半个世纪中，全球主要的股票市场经历了巨变，现在，想要跑赢大市已经变得极其困难，因此，指数投资已然成了一种非常合理的投资策略。虽然本书关注的主要是美国股市，但是全球其他主要的股票市场也早已发生了类似的巨变。

2. 指数投资能够带来更高的投资回报。大多数主动型基金都没能跑赢指数基金，如果将那些已经清盘的主动型基金也算进来的话，这会变得更明显。由于基金业绩常常是随机分布的，每年总会有一些投资经理能够跑赢大市，但是迄今为止，没有任何方法能够帮助投资者提前识别出哪些基金经理将会跑赢大市，而哪些不会。每年，（在扣除成本和费用后）跑输大市的主动型投资经理的比例都在不断变化，而且考量投资业绩的年限越长，主动型投资经理跑输大市的比例就越高。

3. 低收费是进行指数投资的重要原因。高收费是主动型基金跑输指数基金最常见和最主要的原因。

4. 指数投资能够帮助你专注于你最重要的战略投资决策，这些决策以你自身、你的目标和你的资源为核心。基于一套合情合理的投资决策，你和你的顾问才有可能为你的长期投资成功打下坚实的基础，并且做出重要的贡献。

5. 当你进行指数投资时，你需要缴纳的税款较少。

6. 指数投资降低了交易成本，使投资者更容易接受投资风险。

7. 指数投资能够帮助你躲过严重的投资管理风险，避免频繁地更换基金经理。若处理不当，这两点都会给投资者带来巨大的损失。

8. 指数投资能够帮助你免于惹上“市场先生”的大麻烦。“市场先生”代表着阴晴不定的市场交易情绪。

9. 通过进行指数投资，你将有更多的时间和精力去做其他更有意义的事情。

10. 投资专家一致认为，大多数投资者都应当进行指数投资。

所以我们不得不承认，进行指数投资就是大势所趋，而且现在就应当开始。

反对指数投资的九个愚蠢“理由”

现在，你已经知道进行指数投资的十个理由了。接下来，让我们审视一下你有可能已经听说过的九个不进行指数投资的愚蠢理由。我想提醒你注意的是，人们常常会竭尽全力地为自己深信不疑或者感觉有点“正确”却毫无证据的论点辩护，尤其是那些以此获得高收入的人。

以下就是你经常会听到的反对指数投资的一些“理由”。在此，我会指出它们的荒诞之处。

1. “只有那些认了命的或者甘于平庸的失败者才会去做指数投资。”事实正好完全相反，指数投资的业绩反而更优。基于客观信息并做出理性决策是所有伟大投资者的成功秘诀。在本书中，我列举了大量事实，以证明与传统的主动型投资策略、追求投资业绩的投资策略相比，为什么低成本的指数投资会更胜一筹。

2. “被动是无法获胜的。为什么要承认自己不能做得更好？为什么要放弃？”爱因斯坦曾说过，所谓“疯狂”，就是不断地做同一件事，却指望得出不同的结果。数据显示，主动型投资已经行不通了。很多事实都表明，指数投资非常棒。

3.“进行指数投资时，投资者被迫在高位买入股票，然后被套牢并损失惨重。”同理，指数投资也会“迫使”投资者在低位买入股票，然后被“套牢”并赚很多钱。长期投资者深知，只要盈利增速超出预期，处于高位的股票依旧能够持续上涨。

4.“指数投资就是让一撮无名小卒帮你选股。”这些人的名字无关紧要，重要的是，像标普道琼斯和英国富时等这样的指数公司都在认真地选择指数分析师。这些公司的信誉是基于其持续认真地选择、调整每个指数中的每只股票而建立起来的。它们都知道，人们在时时刻刻关注它们的所作所为。

5.“我现在忙不过来，指数投资的事明年再说吧。”你不用急急忙忙，仅仅需要半个小时，你就可以完成指数投资。请问，你为什么迟迟不进行指数投资，为什么要继续支付高昂的主动型投资费用并继续承担其所带来的投资风险呢？

6.“目前市场处于高位，现在不是一个很好的进行指数投资的时间点。”很多投资者会出于两个原因认为主动型投资经理能够成功避开大跌：第一，主动型经理能够在市场下跌前及时将股票变现；第二，主动型经理能够在市场下跌前及时将投资组合转为防守型股票。事实证明，期待这两件事发生与期待随机事件发生一样，概率是非常随机的。

7.“与其投资‘市值加权’指数基金，不如投资‘聪明贝塔’基金。”关于“聪明贝塔”，请参见本书的附录一。如果你执意要购买那些用股票内在价值和价格趋势等基本面风险因子来调整“市值加权”指数的“聪明贝塔”基金，那请你务必从那些拥有良好长期成功投资记录的基金经理处购买，而不是成功“销售”的基金经理。

8.“主动型投资去年跑赢了被动型投资。主动型投资东山再起了！”本书的第 3 章会提到，在某些年份，大部分主动型投资基金的确能够跑赢指数基金。但是正如一只知更鸟的出现并不能代表春天的到来一样，短短一年的业绩并不代表主动型投资比指数投资更好。成功的投资是一个长期的、自律的和持续的过程。我们都已经或者应当知道，在市场的短期波动中，长期投资者需要保持冷静，市场发生短期波动时正是“市场先生”最能耍花招、欺骗人的时候。以 2015 年为例，在美国，当年标普 500 指数只上涨了 1%，但是在年底收盘时，却有几只股票获得了 60% 的全年涨幅，它们就是“俏皮九股”[①]，即亚马逊、Facebook、谷歌、eBay、微软、奈飞、Priceline、Salesforce 和星巴克。它们的平均市盈率为 45 倍，是市场平均水平的两倍。任何一位主动型投资经理，只要持有这九只股票中的任何几只，就能在 2015 年交出一份满意的答卷。这是运气，还是实力呢？或者换个角度来问：这种成功能够被复制吗？同样在

① “俏皮九股”最早是由内德－戴维斯研究机构（Ned Davis Research）提出的。2015 年 11 月 29 日，约翰·奥瑟兹（John Authers）在《金融时报》（*Financial Times*）上对其进行了详细的介绍。

2015 年，英国能源股全线溃败，任何主动型投资经理只要没有碰能源板块（最好还重仓了小盘股），都能交出一张漂亮的成绩单。这又是运气还是实力呢？只有时间，而且是很长的时间才能证明。可是，历史早已告诉了我们答案。

9.“去年，指数投资表现优异，所以今年应当轮到主动型投资表现了。”也许会这样吧。但是，严肃的投资不是一年或者两年的命题。事实表明，从长期看，低成本的指数投资的表现比主动型投资更好。

当你在阅读这本不是很厚的书时，请牢记，我与主动型投资者之间并没有发生任何瓜葛。早在 30 年前、40 年前和 50 年前，我自己就曾是一名主动型投资者。作为一个整体，当今的主动型投资界聚集着这个世界上最聪明、受过最好教育、工作最努力、最有创新力、极其自律又非常有趣的一群人，他们注定是彼此在这个世界上最有能力、最坚定的竞争对手。因此，只要你想，你就会轻轻松松地拥有一只由明星投资专家组成的团队为你服务。你完全不用担心聘用不到主动型基金经理（除非你给自己定的投资目标太高，遇到了伯纳德·麦道夫及其庞氏骗局）。

但是，上述思维方式并不正确。鉴于投资者有着类似的投资目标，又擅长挑选出杰出的基金经理，正确的思维方式是问你自己一个问题：从长期看，你所选择的基金经理是否足够的优秀？他能否比其他优秀的基金经理更优秀？在扣除费用、成本和税款后，他能否长期在竞争中胜出？可是，现实很残酷地告诉我们，这些问题的答案几乎总是否定的。

这是为什么呢？因为要跑赢大市，你的投资经理需要与50多万名聪明、有经验、有创新性、自律且非常上进的投资专家同台竞争。这些专家都接受过良好的教育；他们年复一年地在这个公平的竞技场中与其他精英竞争，积累了丰富的投资经验；他们都掌握着最先进的技术，知晓最新的投资理念，能够迅速获得最新的信息，并且从相同的专家那里获得相同的建议。

另一个问题是，到底要跑赢大市多少才算跑赢呢？想要判断输赢，先得扣除成本和费用。我们来看一组数据。股票市场的平均年回报率为7%，如果想要跑赢一个百分点，实际上相当于要获得至少14%的额外收益（1 ÷ 7=14.3%）。如果基金经理与此同时收取了1%的投资管理费用，那么他要获得的额外收益就迅速增长至约29%（2 ÷ 7=28.6%）。即使基金经理“仅仅”收取0.5%的费用，并将投资目标设定为跑赢指数0.5个百分点（在扣除成本和费用并经风险调整后），那这位基金经理的业绩实际上要比其他基金经理高15%，而且年年都要如此。

而这的确是个巨大的挑战。在30年前或者50年前，这样做曾经是完全可能的，但现在已经不可能了。

在投资中，能力和运气极难区分。每年每月，投资的难题和挑战都在不停地变化，市场在变化，投资者之间的竞争也在变化。所以，若想要排除运气成分而准确地衡量投资能力，我们需要很长的时间。与此同时，投资经理的年龄、职位、管理资产的规模以及其他诸多因素也在随着时间发生变化。很有可能的是，当我们终于信心满满地发现一位投资大师的时候，他或者她早已经变了。

以 12 个月为投资周期来衡量，大约有 40% 的基金会跑赢大市。即使在扣除税款后，仍有超过 30% 的基金会跑赢大市（参见本书的第 2 章）。可是，在 10 年、20 年甚至更长的时间中，这些基金是否能够不停地跑赢大市呢？历史数据早已告诉我们这不太可能。以 10 年为一个时间单位来衡量，成功率由 40% 降至 30%；以 20 年来衡量，成功率降至 20%，而其余 80% 的基金表现更糟。

作为投资者，你的投资期限会很长。众所周知，更换投资经理极其昂贵，又很危险，所以只要有可能，你要始终坚持使用一位优秀的投资经理。但历史表明，优秀的投资经理几乎不可能长久地保持良好的状态，而更换投资经理既代价不菲又很困难。

所以，难点就在于你能否在今天就挑到一位能够在未来跑赢大市的基金经理？这位基金经理能否在未来 20 年或者只是未来 10 年一直保持良好的状态？如果这位基金经理开始退步或者出现投资失误（几乎所有的明星基金经理都曾如此），那么你能否在他出现这些情况之前及时发现征兆？你能否依旧正确挑到下一位优秀的、能够在未来 10 年中跑赢大市的基金经理？投资者的过往经历往往是非常糟糕的，从共同基金资金流入和流出的数据来看，大部分投资者在挑选投资经理时都出现了亏损（机构投资者也是如此。那些刚被机构投资者解聘的投资经理通常会在接下来的时间里跑赢那些刚被机构投资者聘请的投资经理）。那些获得最高评级的基金也是如此。从荣获垂涎已久的评级的那一天起，那些获得高评级基金的表现通常都会比基准指数差。

我打个比方来说明这种情况。假如你去参加一个古董展销会，想为家里添置几件有意思的小古董。你走进会场，看到会场里有几十个柜台。从这时开始，故事的发展有四种可能性。

第一种可能性是，你是第一位到达古董展销会的买家。你有两小时的时间来独自浏览并挑选展品。

第二种可能性是，作为“特邀嘉宾”之一，你将与另外 20 多位嘉宾先期入场，闭门鉴赏两小时。包括你在内的每位嘉宾都是古董鉴赏专家。

第三种可能性是，在 20 多位“特邀嘉宾”（每位都是古董鉴赏专家）鉴赏了两小时以后，你才与另外的1000名嘉宾入场。你们可以尽情浏览两天。

第四种可能性是，作为50 000名买家之一的你只能在第三天入场。在这种情况下，我们都知道，现在才入场的你不太可能挑到便宜货。也许你会发现，在你喜欢的古董中，只有一两件的价格还算合理。如果我们稍微改变一下规则：所有入场的嘉宾既可以是买家，也可以是卖家；每个人都可以把自己在其他展销会上搜罗到的古董拿来买卖；所有人的目标都是把自己现有的古董换成更好的古董。另外，除了可以买卖，实时交易价格和以往交易价格都会及时公之于众，而且所有嘉宾都在最有名的艺术院校学习过古董鉴赏，都能够获得由顶级博物馆发布的古董收集鉴赏研究报告。

这个故事虽然很简单，却告诉我们一个大道理：一个由专家和消息灵通的参与者构成的公开市场会在价格发现上实现良好的机制。问题显然已经不是主动型基金经理够不够优秀，而是在过去的很多年中，主动型基金经理已经变得太优秀了，而且人数也已经太多了。所以本书以一种具有讽刺意味的方式赞扬了主动型基金经理已取得的“辉煌成就”。当然，依旧会有人站出来辩解，称很多股票市场的股价并非时时刻刻都完全正确。可是，在扣除交易成本和费用后，几乎没有人可以从那些极少数且没有被别人正确定价的股票上获得利润。换句话说，虽然市场不是完全有效，但是已经不值得我们花大气力、大价钱去尝试跑赢它了。

如果你无法跑赢大市，那就开始进行指数投资，并成为市场的一部分吧。理由有四个：第一，在过去的 50 多年中，股票市场发生了翻天覆地的变化；第二，论投资业绩，指数投资高于主动型投资；第三，指数基金的收费较低；第四，指数投资操作简便，省时省力，从而让投资者有更多的精力去关注更重要的投资决策，因为这些决策关乎着投资者的长期投资能否成功。

目录 CONTENTS

THE INDEX REVOLUTION

Why Investors Should Join It Now

第一部分

50 多年学习指数投资的漫漫长路

The Index Revolution

Why Investors

Should Join It Now

第 1 章 半个多世纪的艰辛历程

雪在慢慢融化，波士顿的春天就要来了。我在哈佛商学院第二年的学习也已经过半，很多同学都已经决定了毕业去向。某天午餐时，有位同学问我："查利[①]，你决定去哪儿工作了吗？"

"还没。我刚参加完几场面试，感觉挺好的，但是还没有收到进一步的通知。手头暂时也没有其他工作机会。你为什么会这么问呢？"

"我爸爸的朋友正想找一位 MBA 学生去洛克菲勒公司

① 本书作者的昵称。——译者注

（Rockefeller）工作。你有兴趣吗？”

我以为他说的是洛克菲勒基金会（Rockefeller Foundation），我立即说我有兴趣。“太棒了！”他说，“过一会儿会有一个名字很不寻常的人给你电话。他叫斯特兰奇。”

我很快就同意与罗伯特・斯特兰奇（Robert Strange）见面。在他的提议下，我们把见面地点定在了我和我妻子的住处——一栋三层楼的维多利亚风格的木屋。这栋木屋有三层楼，我们住在第三层。到了约定的时间，罗伯特・斯特兰奇按响了门铃，然后高兴地跟着我上了楼。坐在那把从 Goodwill 旧货商店买来的二手椅子上，我们开始了对话。过了半小时，我就清楚地知道，只要他肯为我提供一个工作机会，我就一定会接受。他思路清晰、博学多才、能言善辩，我从他身上能够学到很多东西。但是，渐渐地，我发现他貌似并不在洛克菲勒基金会工作，可我也说不清楚他到底是做哪一行的。我觉得我还是最好先搞清楚这个问题。

在接下来的半个小时中，我终于搞明白了，他在洛克菲勒兄弟公司（Rockefeller Brothers，Inc.）工作，该公司负责管理与洛克菲勒家族成员及其经营的与慈善事业有关的投资，而罗伯特的工作与投资有关。虽然听上去很有趣，但是我对投资一无所知。面试似乎进行得很顺利，快结束的时候，罗伯特说：“查利，我们聊了很多，这非常好。你愿意加入我们吗？”我说愿意。罗伯特又问道："你想什么时候开始工作呢？"接着，他面带笑容地说："夏天我们不是很忙，因为很多人会休假或者做其他事。要不你在劳动节之后的第一个星期二来报到？"我说："没问题，我会准时出现的。"然后，一切就这样开始了。

把罗伯特送走后，我迫不及待地把这个消息告诉了我的妻子。当时，卧室的门紧闭着，她正在里面看书。"特大的好消息！我找到工作了！"

"太棒了！是做什么的？"

"投资。"

"听起来很有意思！他们开多少钱给你？"

"呃，我忘记问了。"

事后我才知道，对他们来说，我那 6000 美元一年的薪水是非常简单的一个决定。一年 6000 美元就是洛克菲勒银行，即美国大通曼哈顿银行（Chase Manhattan Bank）支付给每位刚毕业的 MBA 学生的薪酬，也是洛克菲勒家族支付给佣人的薪酬。

这是 1963 年发生的事。我在哈佛商学院的同学几乎没有人从事投资工作，只有少数几个人去了华尔街。有好几个人去了商业银行，而他们几乎都是冲着银行的培训项目去的，希望积累几年经验之后再换到一家大企业工作，也就是说，几乎没有人想找一份长久的职业。

●●●

“查哈利[①]，查哈利，难道你在哈佛商学院完全没学过投资知识吗？”我在洛克菲勒公司的顶头上司菲尔·鲍尔（Phil Bauer）刚刚看完我写的第一份报告——一份关于纺织业股票的报告，他非常不满意。很明显，这明摆着就是一份由初学者写出来的报告。

我立刻承认我没写好这份报告，我也解释说，哈佛商学院当时唯一一门投资课是出了名地单调乏味。上课的教授非常无聊，他讲授的内容不外乎是本地小银行里那些例行琐事的办事员如何帮助一位名为希尔达·希尔德（Hilda Heald）的富有女士管理其家族信托的故事。这门课本计划招收 80 名学生，可是最后只有十几名同学报名。所有选择这门课的同学都看中了一点：为了吸引和挽留学生，这位教授总会给出很高的分数。这门课从上午 11：30 一直上到下午 1:00，所以被学生们称为“正午的黑暗”。

“那好，查哈利，虽然洛克菲勒的人都是有钱人，可是他们还不至于有钱到能够接受像你这样彻头彻尾的新手！赶快去学习投资！”于是，当天下班之前，公司就安排我去华尔街的韦

① 菲尔·鲍尔吐字不清。——译者注

特海姆公司（Wertheim & Company）参加培训班，学习证券分析的基础知识。公司还安排我报名加入了纽约证券分析师协会（New York Society of Security Analysts），让我有机会听听其他公司的报告并扩展一些人脉。同时，公司也安排我报名参加了纽约大学位于市中心的商学院的夜校，学习基础投资知识。对于一位年薪只有 6000 美元、生活在纽约的已婚年轻人来说，公司给了我一个很优厚的条件：只要我每门课的成绩都在 B+ 或者以上，公司就会承担我的学费。秋季学期很快就要开始了，我要赶紧去选课。

我站在一个巨大的房间的门前，门口挂着的牌子上写着“注册处”。房间中有几条很长的队伍，排队的人看上去大约都是 20 多岁。终于轮到我了。一张桌子上摆放着一台打字机，后面坐着一位年轻的女士，她问：“特殊班还是普通班？”我一时没有反应过来，她又重新问了一遍：“你是特殊班的学生还是普通班的学生？”

“麻烦您能解释一下这两种班有什么区别吗？”

“好。特殊班的学生只上一两门课；普通班的学生上的是正式颁授学位的课程。你之前在什么学校读书？最高学历是什么？”

“哈佛商学院，MBA。”

“我的天呐！哈佛商学院！真了不起！你已经是 MBA 了，那你应当报名我们的博士生课程！”

“学费会不会很贵？”

“价格是一样的。为什么不试试呢？如果不喜欢的话，你可以随时退出。”

在我的家族中，还没有人拿到过博士学位。读博士可能会很有意思，我也能在弟弟和姐姐的面前争口气，以前他们的学习成绩总是比我好。我心想：“为什么不读博士呢？”可是，让我万万没想到的是，读完这个博士学位，我用了整整 14 年。

我报了两门课，每周有三个晚上要去上课。我选的是经典的证券分析课程。老师们经验丰富，手把手地教我们分析财务报表、预计资本开支和渐进回报率，并且教我们编制资金流动报表。学习证券分析课程的同时，我还学会了另外一招：在 15 分钟的课间休息时间内，火速跑向两个街区以外的汉堡店，狼吞虎咽地吃完一个热汉堡，再大口喝下一杯冻奶昔，让两者在口腔内达到正好能够下咽的温度，吃完后再立刻跑回教室。

理论部分的培训是由来自纽约大学的较为年轻的老师完成的。这些老师满怀激情地吸收并传播着（在当时来看）崭新的金融理念，比如有效市场理论、现代投资组合理论以及其他很多基于大量数据才能够开展研究的理论课题。

实践部分用的时间要短得多，在韦特海姆公司六个月的培训令我大开眼界。培训导师是约瑟夫·拉瑟（Joseph R. Lasser）。他是一位优秀的金融分析师，性格开朗，乐此不疲地向我们展示为什么财务报表是一门语言，以及如果我们能够明白那些数字背后的含义，就能够对公司业务有充分的理解。作为一位有耐心的老师兼教练，约瑟夫经常说："我先给你们演示一下如何……好，现在轮到你们做给我看了。"约瑟夫坚信，只有思路清晰、对公司业务了如指掌的人才能写出有条理、言简意赅的报告。他还坚信，每份报告都应当是一个能够吸引读者注意力的投资故事，而不是过分添油加醋，超越报告左上角带有下划线的"买入推荐"那几个字。

约瑟夫既是一家大型证券公司投资研究部门的总监，也是一位杰出的金融分析师和投资人。他是最早的一批特许金融分析师中的一员。最初，特许金融分析师曾被拿来与注册会计师（Certified Public Accountant，CPA）和特许人寿保险师（Chartered Life Underwriter，CLU）相提并论，可这种比较不太符合当时的实际情况，因为当时人们还不熟悉特许金融分析师。没过多久，人们想要获得特许金融分析师的资格，就需要参加为期三天的笔试，以评估他们的金融分析能力和投资组合管理能力。约瑟夫对我们说，他认为我们都应当报名参加特许金融分析师学习班、参加特许金融分析师考试并获得特许金融分析师的资格认证。[①]所以我们邮购了必需的学习材料和指定书籍开始自学，然后参加了一年一度的考试。虽然还是要考试，但是永远不变的好事是，每年特许金融分析师的资格考试都在六月天气最好的那个周六举行。

1968 年，因为年龄太小的缘故，我没有获得参加第三场考试，也就是最后一场考试的资格，必须等一年才能参加。巧的是，那年的第三场考试整个下午只考了一道作文题：请评论最近那篇肆无忌惮的题为《想要投资业绩好，你必须先把自己管理好》（*To Get Performance, You Have to Be Organized for It*）的文章。这篇文章认为日常投资运营是主动型投资经理的职责，投资原则制定是投资委员会的职责，并且呼吁将这两种职责彻底分开。虽然我因无法参加这场考试而感到沮丧，但是我为一件十分讽刺的趣事感到窃喜：那篇文章正是我写的！那是我为《机构投资者》（*Institutional Investor*）杂志 1968 年 1 月刊撰写的文章。

在这篇文章中，我建议管理共同基金或者养老基金的投资机构最好聘用那些注重研究且行事果断的基金经理来管理投资，因为这样做可以带来更高的投资回报。尽管这种灵活的投资方

① 我为特许金融分析师项目效劳多年。我曾两度担任考试委员会委员，负责编纂考试题目，也曾作为持续教育委员会的委员会主席，为特定论坛设计了一套成功的论坛记录。我曾两次担任 CFA 董事会董事，最后出任特许金融分析师协会的主席。

式与公司所需承担的授信义务[①]相去甚远，现有的银行和大型保险公司通常都会抵制这种缺少严密组织架构的投资方式，但无论如何，我提出这种方式已经在当时获得了引人瞩目的高投资回报。

●●●

50 多年前，我和在投资行业工作的大多数人都认为，那些聪明且努力的财务分析师和投资组合经理只要花几周时间认认真真、脚踏实地地去做前期研究，比如进行大量的财务分析、研究行业趋势和同业公司、研读华尔街一线分析师的深度报告、采访公司高管以及公司的下游客户和上游供应商，那么他们就能够做到三件事：第一，买入那些具有未来商业前景而估值却很低的股票；第二，卖出那些价格被高估的股票；第三，构建一个能够跑赢大市的投资组合。我们都有幸身处时代的浪潮中，参与这种新型的投资管理方式。因此，我们都很自信地认为自己是“主动型投资者”。

20 世纪 30 年代、40 年代和 50 年代的黑暗孕育了 60 年代末期的辉煌。早在 20 世纪 60 年代初期，帝杰（Donaldson, Lufkin & Jenrette）和另外几家证券经纪公司，比如 Baker

① 授信义务是美国商业和法律中的一个概念，指资产托管人对资产最终受益人的义务，包括忠诚、可靠、勤勉等方面。资产托管人每时每刻都必须以资产最终受益人利益为工作目标。——译者注

Weeks、米切尔·哈钦斯（Mitchell Hutchins）、Faulkner Dawkins & Sullivan 和 Auerbach Pollack & Richardson 相继成立，并开始为共同基金公司提供深度研究报告。这些共同基金公司当时正在迅速发展，并从银行手里争夺管理企业养老基金和公共养老基金资产的市场份额。

当时，主动型投资经理要面对个人投资者以及保守的银行信托部门和保险公司这两类很容易战胜的竞争对手。当时，纽约证券交易所90%的交易是由个人投资者完成的[①]。在这些个人投资者中，一些是专做短线投机的，他们关注的是价格变动和小道消息，另外一些主要是医生、律师或者商人，他们通常是在攒够几千美元或者需要将股票变现去买房子或者交学费的时候才下单交易，所以他们每一两年才买卖股票一次。在交易时，这些个人投资者通常都会听从零售券商的建议，而这些券商对股票的认知只局限于标普公司发布的那些“撕页”报告[②]。虽然当时股票交易佣金只是每股 40 美分，这要比现在的佣金水平高出很多，但是券商还是需要依靠客户不断地买卖交易来维持生计。所以，券商的注意力集中于如何有效地增加客户的交易频次上。这导致了一个显而易见的结果：券商可能不会认真地帮助客户研究股票或者制定投资策略和构建投资组合。

---

① 剔除了由纽约证券交易所特别专员（NYSE Specialist）进行的市场辅助交易（market facilitation trading）。这些特别专员现在已经不复存在。

② 一种只有短短两页、简单陈述事实而缺乏分析的报告。

这么多年来，研究人员发现个人投资者（既不是你，也不是我，而是那些思维落后的人）一直在赔钱，因为他们想“赚得更多”，所以就在股票和基金中不停地折腾，结果就是与完全没有折腾的情况相比，他们平均少赚了 30%[①]。与个人投资者不同的是，踌躇满志的 MBA 人士可以日复一日地研究股票，轻松地与企业高管接触，并且时时刻刻紧盯股票市场。在他们眼中，个人投资者就是猎物，很容易被“捕杀”。古希腊哲学家赫拉克利特（Heraclitus）曾做过一段经典的军事评论，可谓一针见血：“每 100 名士兵中只有 20 人才算得上是真正的士兵……其余 80 人都是靶子。”

在高档餐馆的私人包厢和精英会所中，企业高管们毫无保留地与金融分析师和投资经理们分享他们的战略规划、盈利预测、收购和并购策略和融资计划，而这些金融分析师和投资经理的年龄大概与他们刚走进社会的子女相当。为了紧盯某只股票，分析师每年可能要与企业高管层见 5 ~ 6 次面，见 5 ~ 10 位企业高管，每次会面都是一对一的会谈，持续一个小时。这些高管都会谈论自己所知的一切。会谈结束以后，分析师会将面谈内容与从企业下游客户、上游供应商处获得的信息以及企业的财务报表整合在一起，形成一份内容详尽的研究报告。这份报告通常会超过 50 页，甚至有 100 页。一部分企业甚至还用

① 这是一项是由特伦斯·奥迪恩（Terrance O’Dean）领导的研究。

硬封皮把这份研究报告装订起来，以显示其特殊的重要性。

20世纪60年代末期，一些高增长股票，比如IBM、施乐、雅芳和宝洁等的股价一飞冲天。股价同样出现飙升的还有以利顿工业（Litton Industries）、海湾与西方工业公司（Gulf & Western）和LTV公司为代表的大型综合类企业集团。它们通过举债、收购低市盈率企业和会计戏法使企业的盈利出现了快速增长。见此机会，新兴的投资公司重仓买入这两类股票，获得了比传统投资公司更高的投资回报。当时，传统银行的信托部门以及保险公司因其自身体制的原因，投资风格非常谨慎和保守。因为怕丢饭碗，银行和保险公司的高管层每周或者每月都会通过开会的形式来制定一份能够买入的证券清单，他们的下属将根据这份清单来决定最终买入什么，比如在股票方面，刚上市的股票不能买、高息股要多买、买了并长期持有是避税的最佳做法；在债券方面，按照债券的到期日阶梯式买入并持有至到期日是最佳做法。

也就在那个时候，亚伯拉罕·贝克尔公司（A.G.Becker & Company）推出了基金评级服务，这项服务给机构投资管理带来了翻天覆地的变化。该公司每季度都会收集、分析和汇总每只养老基金及其投资经理的投资表现情况，并在各只基金之间进行直接对比。这改变了一切。每当报告发布时，人们就会发现大银行和保险公司跑输了大市，而且是一直跑输大市。与之相对应的是，主动型基金经理却在一直跑赢大市。

一种新型设备[①]在这时问世了。投资者只要输入一只在纽约股票交易所上市的股票的代码，该设备就能够显示这只股票的最新价格、当日最高价、当日最低价以及成交量。在其面世之前，投资者需要打电话给券商才能知道股票的价格，或者，如果投资者有一台爱迪生在 1869 年发明的自动收报机的话，他们也能够从这台机器所弹出的纸带上得知股票的价格。与其他人一样，我当时也在用游标卡尺工作（我的那把卡尺很高级、很漂亮，而且还能做对数），用二号铅笔填写记录本上的数据表。为了找到有用的信息，我们会去纽约证券交易所翻看上市公司提交给美国证券交易委员会的报告。为了详细研究我们想要投资的公司，我们还通过电话与那些正在研究这些公司的证券分析师讨论问题。那时，债券是非常无聊的东西，外国股票也几乎没有人持有。

在那个年代，虽然投资是一份非常有趣的工作，但是没人期盼能够靠这份工作发大财，除非你找到一只成长性非常好的股票，这可是我们的目标。在投资公司和证券公司的人员构成上，MBA 很少见，博士更是完全没有出现过。证券交易的佣金仍是每股 40 美分。所有交易都是纸质交易，信使们拖着满载着股票和债券凭证的、带有滚轮的、一人高的黑色大箱子，从一家券商飞速跑向另一家券商，以求准点、准确地完成股票和债

① 由斯坎特林电器公司（Scantlin Electronics, Inc.）生产。我当时的雇主洛克菲勒家族，曾帮助杰克·斯坎特林（Jack Scantlin）的新公司融资。

券凭证的“正常交割”。现在，这些信使已经不复存在了，在很多年以前，他们就已被自动化交易所取代。在此后的50多年中，投资行业发生了翻天覆地的变化，让我们再次回顾一下到底发生了什么。

• 当时，券商研究部门（通常不超过10人的编制）的主要工作是帮助公司合伙人的个人股票去寻找有潜力的小盘股。一家大型券商每星期都会发布一份四页的研究报告，但是在其他大多数时间里都不会向客户提供研究报告。然而，从那时起，一些新公司开始打破常规。为了赢得高速成长的机构客户，这些公司开始频繁地为客户提供深度研究报告。市场对此反映良好，人们非常愿意接受这种做法。

• 传统意义上，大宗交易（一种券商作为庄家的交易）被大型券商的合伙人所蔑视，由于合伙人的钱会被拿来冒险，所以大宗交易被认为风险太大。但后来大宗交易开始逐渐发展，5000股以下的大宗交易被广泛接受（如今，10万股的大宗交易已经非常普遍，50万股的交易也已经不罕见了）。

• 电脑曾一度被局限在后台或者存放在“笼子”[①]中。在当时，电脑根本不会出现在研究部门或者交易室中。

---

① “笼子”是当时华尔街金融机构从业人员对公司用于储存现金和凭证的大型保险箱和地下储藏室的俗称。——译者注

1966 年，我在哈佛商学院的同学查理·威廉姆斯（Charlie Williams）打电话邀请我去他的公司坐坐。他的公司名为帝杰，是一家以研究驱动的机构券商。经过半天的面试，我惊喜地发现他们支付我的工资是我当时工资的两倍多，而且还有拿奖金的机会、15% 的利润分享计划，最终还能获得股权。更棒的是，我还有机会与位于纽约和波士顿的优秀投资机构的基金经理共事。

我开始在帝杰公司工作。帝杰公司和其他几家新晋的券商公司专做机构业务，而且它们与传统的华尔街公司有很大的不同。与传统公司相比，我们的工作时间更长、工作也更努力。我们认为自己更聪明、受教育水平更高。我们坚信，我们更了解我们所研究的公司的前景，并且会给客户推荐最好的股票。当时，成长最快的机构投资者就是共同基金和养老基金，我们专门服务这些机构中的基金经理。在投资决策方面，比起那些实行委员会制、非常传统的保险公司和银行信托部门，这些基金经理的决策速度要快得多。

我们的自信心日益高涨，而且媒体进一步强化了我们的自信。《华尔街日报》的发行量一飞冲天，美国国内的主要报纸对商业和股票市场的报道也越来越多。《机构投资者》《巴伦周刊》和《财务分析》（*Financial Analysis*）等杂志的读者数量迅速增加。一本名为《金钱游戏》(*The Money Ganme*)[①]的书成了全美最畅销的书。这些现象都说明一点：追求高回报的主动型投资在当时是多么受欢迎。从个人投资者到机构，人们都想在这股热潮中把资产交由这些主动型投资公司管理。

●●●

我在为《机构投资者》杂志撰写的第一篇文章中所提倡的投资管理理念在当时被年轻的金融白领视为最佳做法。可是在接下来的30年中，它就像曾经的安德伍德牌打字机一样被迅速地淘汰了。随着时间的流逝，股票市场被成千上万的专业投资者所垄断，他们拥有先进的信息技术系统，能够迅速获取丰富的数据。他们互相竞争，不断寻找对方所犯下的估值错误。

在那篇文章中，我宣称一场巨大的变革正在彻底改变机构投资的面貌，随后将改变一切。任何一家投资机构若想在未来几十年中拥有竞争力，就必须做出改变。这些机构设置陈旧，有各种“封闭”的条条框框，而且现有的投资委员会中挤满了接近退休年龄的高管。它们必须转型成一个“开放”的机构，须由接受过投资研究培训的年轻基金经理做出投资决策。这些年轻人将不停地奋斗，以跑赢市场，赢得竞争的胜利。

---

① 这本书由亚当·斯密(Adam Smith)所著。亚当·斯密是乔治·古德曼(George J. W. Goodman)的笔名。

在我的理论框架中，最大化投资者的投资回报是这些新型投资机构的唯一目标。资本增值（而非资本保值）理念将主导这类投资机构的机构设置和日常经营。最大化投资组合的利润将是每位员工的工作方向。与传统的投资机构相比，这些新型投资管理机构的组织架构更益于产生投资回报，因此，一些新型投资管理机构的确获得了极其优异的业绩。

这些新型投资机构看待市场的方式与守旧派不同，它们一直在求变、求机遇。它们重新定义了投资组合管理，并由此出发，重新调整了自己的组织架构。为了说明主动型投资的优势，我在那篇文章中引用了一些非典型的例子。

• 短线观点唯一可能会出错的情况是当长线观点变得更加有利可图时。长期持有某只股票并不会让投资者每一天、每一周和每个月都暴露在股市下行的危险中，但确实会让他们无法捕捉到短期股价波动所带来的获利机会。

• 因为追求高回报往往要求投资者直面风险和不确定性，所以只有技术高超的冒险者才有可能获得优异的投资业绩。由于股市具有流动性，基金经理只能在风险机会比率不佳的时候才可以降低他的仓位，然后再买入其他高风险股票并享受随之而来的潜在高收益。

• 因为大型投资者会对企业目前的发展情况做出及时的预测和反应，市场预期的改变也会影响股票的价格，所以那些追求利润最大化的投资经理将能够及时避开大跌或者把握住恰当的入市时机。

• 股票市场是一个独特的竞争平台。在这个平台上，投资经理不仅能够从他的竞争对手手中买入股票，而且还能够将股票卖给竞争对手。也就是说，投资经理一直是在与竞争对手进行交易。投资经理若想获得超额回报，他就必须是一位优秀的竞争对手。

新的投资经理都坚定地认为传统投资机构的组织架构有重大的缺陷，通过改变管理架构和管理方法将能够减少或者消除这些缺陷。同时，就投资决策能力而言，有能力的个人比投资委员会更具优势。在管理投资组合时，时间就是金钱，而投资委员会制（而非基金经理个人判断制）不可避免地拖慢了投资决策的进程。为了为投资委员会开会准备备忘录，分析师用于进行研究的时间减少了。股票价格瞬息万变，走正统流程所花费的时间常常让投资机构错过了最佳操作时机。这就产生了昂贵的机会成本。

“源源不断地流入这些新的投资机构的现金证明了这些机构的成功。如果你还在使用传统方法组织自己的投资机构，那么你就必须认真看待并考虑这种新型的投资管理方法了。”在 1968 年，这就是我的投资信仰。但仅仅两年后，在一片追求投资业绩的主动型投资的天空中，我看到了几朵乌云。

我在帝杰公司工作时，曾与波士顿、哈特福德（Hartford）、纽约和费城的几家大型投资机构的基金经理和分析师保持着密切的联系。这些不可多得的机会让我逐渐观察到了一个现象：

尽管每家投资机构都知道自己已经拥有了聪明的、富有经验的、有上进心的专业人才，但是其他机构也是如此。我在后来撰写的一篇文章中提出了警告："追求业绩的主动型投资并不像外行人看到的那么容易。"

> 业绩投资非常难，就连业界最优秀的人士都不得不面对一个棘手的问题：追求业绩的主动型投资是否会被自身的成功所拖累？投资经理一旦成功，就会遇到一个再简单不过的困境：你成功了，于是你的规模越来越大，几乎"被金钱包围"；而你能买的股票越来越少，逐渐局限于"大盘股"，而且每次买入或者卖出巨大仓位时所需缴纳的（以交易成本为名义的）"过路费"也越来越高。你越成功，你的经营成本就越高。最后，即使有再好的投资机会摆在你面前，你也会发现你越来越赚不到钱了。这就是追求业绩的主动型投资被自身的成功所拖累的原因。

●●●

"只要你仔细观察，你就可以学到很多。"美国家喻户晓的棒球教练尤吉·贝拉（Yogi Berra）曾这样说。后来，当我在准备博士毕业答辩而研读学术资料的时候，我又一次发现尤吉说得真的没错。当时，虽然学术界还在讨论一些细节问题，但是有效市场理论的框架已经基本成型。一些业界人士选择忽视事实证据，继续嘲笑这个概念。随着我们收集和整理的数据越来越多，我们开始确信，即使股票市场不是一个完美的有效市场，但是它已经足够有效到令大多数主动型投资机构都无法跑赢大市（尤其是在扣除费用之后）。虽然如此，那些倾注了时间、技术和精力来尝试跑赢大市，并依赖主动型投资、业绩投资而谋生的人，却并没有被这个冷冰冰的现实所击退。

早在20世纪60年代末至70年代初，学术界和业界就对主动型投资的看法出现了巨大的分歧，从此以后，这个分歧就一直存在。从某种意义上说，我处于辩论双方的焦点位置，但从另一种意义上说，我又学到了双方的精华。为了获得博士学位，我融会贯通了学术界的理念，而日常工作则让我熟练掌握了实战技能。当时，华尔街很明显地出现了两种文化：第一种文化发源于大学中的金融院系，这种文化鄙视业界的传统投资理念；第二种文化是业界所秉持的传统文化，他们对学院文化以牙还牙，回赠以同样的鄙视。这两种阵营背后的理念和信仰完全不同。他们用不同的数据和不同的方法来支撑他们的信念，用不同的专业词汇发表言论和写作；他们与不同的听众交流，并互相抬高嗓门，想盖过对方的声音。在这场辩论中，业界的投资机构的企业高管很少有人会阅读学术期刊，来了解指数投资背后的理论和证据，也很少有人去接触越来越多的质疑主动型投资理念的证据。学术界则完全不在意业界的态度，继续埋头撰写满是数学公式、拉丁字母和晦涩辞藻的文章，想博得学界的掌声。可是，企业高管并不在学术界中。象牙塔中传出的掌声只会让务实的企业高管更听不进去那些用生疏字眼撰写的、与他们的信仰相冲突的新想法。

学术界相信自己的证据是确凿且丰富的，已经没有意义再与业界争执了。

学术界一致认为证券市场是一个开放、自由、竞争充分的舞台。在这个舞台上，大量博学的、对价格敏感的投资专家同台竞争，尝试发现价格偏离，以求从中获利。通过这种机制，市场能够及时地处理信息，并且为每只证券正确定价。证券具体的交易价格会围绕着这个正确定价“随机漫步”。在这样一个股票市场中，投资经理是无法找到价格变动规律的，也无法预测手中证券的未来价格，因此无法获利。而且，其他同场竞技的投资者大都见多识广，尤其作为一个整体来看，他们的竞争力极强。面对这样一位对手，任何大型投资机构都已经不太可能通过基本面研究而持续获得利润。

如果说市场是有效的，那就是说在这个市场中，证券价格反映了上市公司所有的有效信息。虽然有一些证据显示，证券价格往往没有立刻或者全面地反映季度盈利报告信息和内部交易信息，但是类似的可供赚钱的机会真的非常少。所以，大型基金的基金经理无法有效地利用这些信息获利。结论再明显不过：市场太有效了，主动型基金经理无法跑赢市场。

因此，在学术界看来，金融分析和证券分析是无利可图的。

从总体上看，大量主动型基金的长期投资业绩说明，这些基金既没能成功预测证券价格或，也没能跑赢“买入并持有”的简单投资策略。而从个体来看，几乎没有任何证据表明任何一只基金的业绩能够比其他随机选择的基金更好。投资经理在做完基本面研究而决定卖出的股票和没有买入的股票的业绩可能与其最后决定买入的股票的业绩相差无几。投资经理获得的一些信息是有意义的，另一些则是无意义的，而他无法知晓哪些信息有意义，哪些信息无意义。他通过有意义的信息获利，而又在无意义的信息上亏损。因此，总体来看，投资经理手头的信息是没有任何价值的。学术界不仅判定投资经理无法成功地预测个股的价格，而且还发现他们无法预测整个市场的走势。

学术界相信投资经理无法精准地预测证券价格，因此，无论从个体看还是总体看，投资经理都不太可能跑赢一种被动买入并持有的投资策略。这个理论判断得到了丰富的数据支持：平均来说，由专业人士管理的投资组合的业绩并没有比市场好。

当时，业界的从业人员并没有立刻反击，因为他们认为没有反击的必要。主动型投资管理看上去“明显更具优势”。主动型投资经理都知道自己很聪明、有创新能力并且工作认真努力。他们每天都能看到机会。当然，他们在投资生涯中总有一些磕磕碰碰，但是他们知道，从长期来看，他们一定能赢。毕竟，他们是最优秀、最聪明的一群人。

我在我的博士论文中专门研究了这场辩论。表 1–1 汇总了这两种观点，并进行了对比。

表 1–1　　学术界和业界的观点

话题	学术界观点	业界观点
投资经理跑赢市场平均水平的能力	没有证据支持这一结论；成功的概率极低；无法提前预测哪位经理会跑赢市场	很多投资经理都能够跑赢市场。投资机构的过往业绩和能力都可以用于挑选出未来有希望跑赢市场的投资经理
支付给经理的费用	应当通过明确的策略将该费用降至最低，因为高昂的收费对投资者来说几乎没有任何好处	人们想要享受投资经理提供的优质服务，就应当欣然接受该费用，而投资经理跑赢市场将帮助投资者赚回这笔费用
指数基金	指数基金应当被广泛推广，因为它们的长期业绩在可预测性和回报率方面都将优于主动型基金	指数基金不应当被推广，因为客户可以识别并找到优秀的主动型经理

如果从历史的角度来审视 20 世纪 70 年代的这场学术界和业界的纷争，一切就都变得清晰明了了。第一，学术界的观点在当时非常新颖，刚刚成形不到 10 年。在实际操作层面，第一只指数基金于 1971 年才正式成立。当时，富国银行（Wells Fargo）用指数基金的形式管理新秀丽公司（Samsonite Corporation）的养老基金，而且那时，个人投资者根本买不到

指数基金。第二，业界的观点深得从业人员的支持。谁也无法抗拒以下说辞的诱惑：因为将最专业、最优秀的资源用于投资，所以主动型基金最终一定能够赚取超额回报。我们可以看到，除了相信自己，从业人员对任何来自外界的改变（无论是理念还是做法）都会表现出强烈的排斥。

当时，大部分学术研究报告都发表在学术杂志上，而投资者是不会看这些杂志的。研究成果通常包括令人费解甚至恐惧的数学公式。只有少数几本书能够通过深入浅出的语言讲述到底发生了什么。个人投资者和基金管理公司通过传统的通信渠道所了解到的大部分信息都带有强烈的偏见，都支持传统的投资观点。

●●●

1971 年，当我还对主动型投资机构抱有希望，乐观地认为投资经理能够捕捉到市场机会的时候，证据却开始表明，想要跑赢大市已经越来越难。主动型投资公司的数量越来越多，但并不是每一家都能够成功。当时，我在《财务分析》杂志上写过这样一段话：

> 博弈论将这种情况称为零和形态：除非另一方遭受同等的损失，否则没有哪一方能够获得明显的利益。从长期来看，如果每位参与者所掌握的技能和信息、积累的经验以及拥有的资源都

> 大致相同的话，那么没有任何一位参与者能够在这样一个系统中获得并保持优势，而且每位参与者每年的平均业绩就是市场业绩减去参与者自己的运营成本。而这说的不正是当下的专业投资者吗？

投资机构在宣传它们的投资能力的时候，依旧对自己信心满满，称自己能够在一场高度竞争的金钱游戏中获胜。那些进入最后一轮竞标的投资公司都会用精彩的图表展示它们过往的优异业绩，用正在跑赢市场的基金来证明它们将来也一定会跑赢市场，而且基金经理每时每刻都会把自己打扮得光鲜亮丽。投资者则非常确信他们能够并且将寻找到有天赋、勤奋向上、拥有极为出色的过往业绩的投资经理来帮助他们跑赢市场。以机构投资者为例，它们通常会在知名投资顾问的帮助下，先广撒网，然后再严格选拔，最后从入围的 3 ~ 5 位投资经理中选择最优秀的。在这个过程中，机构投资者可能会忽略很多因素，比如这些投资经理展示的投资回报率是否经过了风险因素调整；过往投资业绩记录的起始日是否被做过手脚，以使过往业绩看上去更好看；衡量投资经理业绩时所使用的基准指数是否经过认真选择等。投资经理很快就会发现，大部分机构投资者在选择投资经理时最看重的指标就是投资业绩，尤其是刚过去的几年的投资业绩。过往投资业绩不代表未来投资业绩，这一点则完全不重要。人人都争相要找到“前 1/4”的投资经理，没有人愿意接受平均回报或者进行被动投资。机构投资者还忽略了另外两点：第一，投资经理可能选择性地披露了表现最好的基金，而隐藏了其他基金的表现；第二，特定基金在特定时间范围内所产生的特定回报很可能是“毛”回报（即没有扣除基金收费）。

主动型投资经理向现有客户和潜在客户承诺，他们会大幅跑赢市场。多一笔生意就多一些利润。为了招揽更多的生意，无论是在投资业绩审核会、基金销售会上，还是宣传手册仰或媒体广告中，他们都会将把自己包装成最优秀的投资经理。有什么理由不这样做呢？客户都相信数字不会说谎，却几乎不知道只用短短几年的数据去评价一段长期又错综复杂的投资过程是多么困难，更何况基金经理和投资顾问公司经常忽略不计那些已经清盘的基金的数据，或者事后将其他业绩卓越的基金的数据加入数据库中。这样的基金数据常常大有猫腻（详见第 2 章）。

●●●

我从哈佛商学院毕业后没多久，共同基金和养老基金就开始迅猛发展，资产规模也开始快速增长。投资经理为了追求投资回报，投资组合的换手率也屡创新高。[①]一位名叫科利尔·克

① 共同基金可以直接这样做。养老基金则通过将钱从银行信托部门转移到新成立的投资公司来达到这个目的。

拉姆（Colyer Crum）的年轻有为的教授在哈佛商学院开设了一门与众不同的课程，讲授机构投资领域正在发生的最前沿的变革，这也是第一门关于专业投资的课。这门课非常成功，两年中每年要开课六次，共招收了 500 名学生。在 MBA 学生中，每年大约只有 100 名学生不选这门课。当时，我在帝杰公司刚开设基金经理讲座没多久，克拉姆教授闻讯来参加过一次。在讲座上，克拉姆教授以他一贯的煽动性口吻坚称，那些不肯接受或者不愿适应这股新潮流的基金经理注定会被层出不穷的创新所抛弃。

没过多久，克拉姆教授就邀请我去他的课上做嘉宾分享。分享结束后，他邀请我单独执教一个班（有 80 名学生），讲授有关机构投资的内容。可是我妻子不想让我回去教书，她的理由很充分，她说："你做的事情太多了，包括还在读博士，你哪有时间再去哈佛商学院教授一整门课！"她说得当然没错。于是，我拒绝了克拉姆教授的邀请。可仅仅一年以后，我又收到了这份令很多人梦寐以求而又求之不得的邀请。那时，学校中想上这门课的学生数量也在迅速增加。如果我接受邀请，我就需要教两个班的学生，每班 80 人，而且如果去上课，我每周只需要在外住一晚，也就是说，每周上课的一大早，我可以坐最早一班从纽约飞波士顿的航班。于是，我答应了邀请。

我是这样安排我的行程的，极其紧凑：一大早搭乘 7：00 起飞的美国东方航空公司（Eastern Airlines）的空中巴士从纽约拉瓜迪亚机场飞往波士顿的洛根机场，落地后立刻乘坐出租车去学校，这样我正好能够在早晨 8：40 上课的时候走进教室。第一次上课时，出租车驾驶员奥利本来答应我早晨 6：10 来接我去纽约拉瓜迪亚机场，可是他睡过头了，迟到了很久，到我家时他竟然还穿着睡衣。奥利向我保证，他会以人类最快的速度开往机场，我则答应他，如果他能够准时到达机场，我就给他一大笔小费。由于前一周纽约下了大雪，路上的车都开得很慢，而奥利不顾一切地往机场赶。当我们到达临时登机楼时，正好到了飞机的起飞时间。我飞奔到登机口前。

“太晚了！”登机口的工作人员对着我大喊，然后又指了指身后正在将登机梯收回舱内的那架康维尔（Convair）飞机。眼看我想冲向飞机，工作人员厉声喝止：“站住！你不能去那里！”我把登机牌往他怀里一塞，根本没理会他，一个箭步就冲着飞机的方向跑了过去。飞行员从高高的驾驶舱中看到了我，我努力伸开双臂，做出了请求怜悯的姿势。

求求你，求求你了。

这是我人生第一次，也是唯一一次目睹飞机的登机梯收起后又放了下来。我急忙冲上登机梯，走进机舱。我几乎喘不过气来，跌跌撞撞地栽进椅子，系上了安全带。我想，命运之神再一次眷顾了我。除非再发生一些可怕的事情，我应当不会第一次在哈佛商学院上课就灾难性地迟到一个小时吧？飞机在波士顿洛根机场安全降落了。我一下飞机就跑去抢第一辆出租车。波士顿的雪比纽约还大，车流移动缓慢。幸好司机师傅知道一条小路。我答应给他 20 美元小费，之后，司机师傅表现得仿佛是他自己上课要迟到了一般，把车开得飞快，一路上连闯两个红灯。他拿到了 20 美元的小费，而我直接冲进教室。

我和奥尔德里奇楼 108 号教室之间大概只有三米的距离，离 8：40 开课时间还有两分钟。正当我用力穿过人群时，我认出了迎面走来的一位男士，他正是我最喜爱的老师之一——保罗·劳伦斯（Paul Lawrence）。当他得知我在毕业仅七年后就回校开设了我的第一门课时，他冲我温和地一笑，并祝福道："祝你好运！"他不知道，在那个早晨，好运已经光顾了我好几回。

●●●

课上得非常不错，这大大超乎我的意料。一共有 34 节课。在最后一节课上，我和同学们探讨了一个至关重要的问题：新型投资公司已经拥有了大量优秀分析人才和高性能计算机，如此下去，它们会不会使市场更有效、使证券定价更准确，以至于大部分投资公司都无法跑赢大市呢？快下课的时候，一位同学举手问我："我们都知道学校不允许教职人员发表自己的观点。老师，你也想让我们独立思考。可我们就破这一次例，你能否告诉我们你对此有何看法？"

一片寂静。80 张面孔，张张脸都充满着期待。

“如果我们将最优秀的分析师和基金经理组织起来，成立一家投资公司，我相信这家公司一定能跑赢市场。”

我停顿了一下。

“可是……我错了！”

下课。

●●●

在纽约大学，年轻一代的教职员工对有效市场理论和现代投资组合理论等新新理念深信不疑。他们与守旧派教职员工展开了一场关于博士教学项目的争夺战。我的学术导师对我说得再直白不过：如果我想通过他亲手设计的复杂考试，唯一的方法就是熟练掌握这些新理念。于是，在接下来的 18 个月中，我研读了以“市场有效而投资经理无效”为主题的各类文章和书籍。我发现在股票交易方面，虽然还有一些空间来细究有效市场理论中的“强式”和“半强式”形态，但是基于大量的数据和研究结果，严谨的学术研究人员已经一次又一次地表示，市场其实比我们想象的更有效。与此形成对比的是，那些手中还握着游标卡尺的分析师和基金经理比我们想象的更无效。

距离上次我在哈佛任教已经过去五年了，我又一次接到了哈佛商学院打来的邀请电话。我得知，科利尔 · 克拉姆的课现在已经由杰伊 · 莱特（Jay O. Light）来负责了。①我不想每周离家在外超过一晚，于是我打算在哈佛商学院教授这门课的当日，顺便在波士顿拜见格林威治联营公司②的客户。这样，我就可以每天上午给两个班（每班 80 人）上课，中午我就可以在波士顿的市中心与客户见面了。另外，想到这门讲述机构投资的课也许已经发生了变化，我提前去学校问了问情况，听到的消息让我大吃一惊：课程的设置发生了翻天覆地的变化，其中加入了很多新理念。我暗自庆幸，幸好我在纽约大学学习了有效市场理论。正如莱特教授所说的那样："选择这门课的学生已经在 MBA 第一年的金融课程中学习了现代投资组合理论。现在，我们是从你五年前最后一节课的内容开始，都是全新的内容。"

课堂文化也随着时代发生了变化。五年前，由于自己不是"原装"的科利尔 · 克拉姆教授，我担心被同学们视为"临时的救火队员"而让他们不满意。为了讨好同学，我反复阅读了那些发给教职员工的附有学生照片的点名册，熟悉了大部分同学的姓氏。在课堂上，我直接叫出了那些举手要发言的同学的名字，比如"史密斯先生""琼斯先生"等，所以同学们特别惊讶。五年后，教室中有了很多新变化，学生中也开始出现女性面孔

---

① 杰伊 · 莱特后来成了哈佛商学院的院长，同时也成了格林威治联营公司的董事会董事。

② 1972 年，我成立了格林威治联营公司。

了。我故伎重演，希望能够复制五年前的成功。下课后，一位名为劳拉·戴格诺特（Laura Daignault）[①]的女学生跑过来对我说："你可以叫我劳拉。在哈佛商学院，我们现在都互相直呼名字（而非姓氏）。"所以，一下课我就开始翻阅点名册，重新记住了160个名字。

●●●

由詹姆斯·文廷（James Vertin）[②]领导的富国银行旧金山分行[③]是格林威治联营公司的早期客户之一。詹姆斯召集了一群勇于创新的"宽客"（quant，即量化分析师），为新秀丽公司的养老基金量身定制了第一只市值加权指数基金。这只"指数"基金并没有将每只股票在指数中的比重与其自身的市值挂钩。

① 劳拉·戴格诺特后来担任了韦尔斯利学院（Wellesley College）的校董会主席。韦尔斯利学院是美国一所顶尖的女子文理学院，知名校友包括宋美龄和希拉里·克林顿等。——译者注

② 作为特许金融分析师的一个项目，詹姆斯·文廷和我一起从海量文献中挑选并整理了一些有重大影响的文章。我们将这些文章整理成两卷"经典"书出版。除了历史上那些影响深远的文章，这两卷书还收录了哈里·马科维茨（Harry Markowitz）、保罗·萨缪尔森、费希尔·布莱克（Fischer Black）、迈伦·斯科尔斯（Myron Scholes）、米尔顿·弗里德曼（Milton Friedman）和其他顶尖专家的所有核心论文。

③ 当时，该分行名为富国银行投资顾问公司（Wells Fargo Investment Advisors），它完全独立于银行的信托部门，后来被Nikko公司收购。Nikko公司又被巴克莱全球（Barclays Global）收购，并改名为巴克莱集团（BGI）。再后来，巴克莱集团被贝莱德集团（BlackRock）收购。现在它是世界上最大投资管理公司的一个重要部门。

在这只基金中，每只股票都拥有同样的比重，因此，它并不是真正意义上的指数基金。詹姆斯自信地认为，他的量化团队找到了一条通往成功的指数投资的理性投资大道。对我来说，通过为詹姆斯及其团队提供咨询服务，我对低成本指数投资有了更深入的了解。尽管指数投资是个很难“卖”的投资概念，但是，我越来越觉得低成本的指数投资会是一种成功的投资策略。

有一段时间，我负责筹备帝杰公司举办的投资从业人士研讨会。这是一个定期举行的会议，通常为期三天，由五场分会组成。每次，我总是很乐于把新想法、新理念引入会场，让参会人员讨论。有一次，我专门组织了一场分会，来讨论学术界最新的研究成果以及如何将这些成果通过指数投资转化为实际应用。可是，根本没有人对指数投资和现代投资组合理论感兴趣。我还反复被人告诫说：“查利，最好别碰那些学术上的东西。”主动型基金经理认为他们根本不需要了解指数投资，他们认为指数投资就是一场荒唐的闹剧，这是他们的本能反应。在论坛上，业界的专业投资者对学术领袖的观点及其观点背后的证据和逻辑视若罔闻。这些长袖善舞的专业投资者也不会与学术界人士交朋友。这两群人就好像来自两个不同的部落，虽然每群人都能从另一群人那里学到很多东西，但是他们却刻意与对方保持距离。这真的很奇怪！

当时，我也正在努力将格林威治联营公司打造成行业领先的专门服务于金融机构的顾问公司，这是一件极其耗时费力的事情。某天晚上，天开始下雪，我六岁的儿子哈拉尔德拿着他的新铲子和我一起借着路灯的灯光铲雪。过了一会儿，我想他可能累了，于是我建议停一停，聊聊天。

“哈拉尔德，学校怎么样？”

“非常好。我很喜欢我的老师，”然后他反过来问我，“爸爸，你的学校怎么样？”

“我的公司占用了我太多的时间和精力，哈拉尔德，我想我也许再也没有时间去上学了。”

“爸爸，你已经毕业了吗？”

“没有，我还没有毕业。”

“那么，爸爸，你要知道，你在没毕业之前是不能不去上学的。”然后他转过身，继续铲雪去了。第二天，我回到学校，下定决心要拿到我的博士学位。

与此同时，格林威治联营公司通过研究各类投资公司的表现发现，大部分投资公司如果进入了投资业绩榜单的前十或者前二十名，一般都不会在那个位置上待太久。而通过与其他投资顾问公司合作，我们更加清晰地了解到：虽然养老基金的高管真的很努力，可是他们还是无法正确挑选出能够长期跑赢市场的投资经理。

●●●

指数基金的早期历史非常短暂。1971 年，富国银行为新秀丽公司的养老基金账户推出的第一只指数基金只有 800 万美元的规模。该基金买了 100 只股票，以跟踪纽约股票交易所的指数。但是，这只基金不是很成功。紧接着，富国银行又推出了第二只指数基金，所有养老基金都可以认购。由于跟踪的是标普 500 指数，所以这只基金被称为“指数基金”。到了 1974 年，已经有两家指数基金公司加入了富国银行的行列，它们分别是百骏财务管理公司（Batterymarch Financial Management）和美国国民银行（American National Bank）。但是这两家公司推出的新型基金产品都没有什么客户。①

第一只指数基金名为第一指数投资信托（First Index Investment Trust），是由美国先锋集团的约翰·博格和百骏财务管理公司的迪恩·利巴朗（Dean F. LeBaron）共同创立的。② 博格是一位名副其实的创业家，工作拼命又极具创新精神。后来，他被誉为“圣人杰克”，以赞扬他一直勇敢、坚毅地为平民百姓

① 还有另外两家公司曾尝试进入这个新领域，但都没能成功。美国运通投资管理公司（American Express Investment Management Company）在发行它自己的共同基金之前就被清盘了。富国银行的 Stagecoach 基金如果能成功推出，那么它将是一只杠杆指数基金，可是它由于投资者需求不足而未能被推出。

② 两人都是我的朋友，而且还是格林威治联营公司的客户。富国银行的詹姆斯·文廷和他们一样。

的投资理财而奔波呐喊。1974 年 1 月，博格身为威灵顿管理公司（Wellington Management Company）的 CEO，却被公司炒了鱿鱼。被迫离职之后，他成立了一家新公司——美国先锋集团。该集团的股东结构非常奇特，简而言之，基金投资人就是公司的实际股东。这家新公司的董事会出台了一个奇怪的规定：博格和美国先锋集团都只能从事行政事务类的工作。当时，很多旁观者都认为博格一生只能从事行政事务类的工作了。但是博格信念坚定，他下定决心要甩掉董事会给他戴上的“紧箍咒”。

当时，美国先锋集团刚刚成立。经过一番讨论，博格说服了董事会支持他的第一项战略行动。一开始，这项行动显得既平常又琐碎，但是在经历了漫长痛苦的起始阶段后，这项战略行动取得了令人瞩目的巨大成功。事情的经过大致是这样的：在董事会面前，博格据理力争，坚称运营好一只指数基金只需要简简单单的行政事务类工作，而非投资管理类工作。于是，博格拿到了经营和销售世界上第一只指数基金的授权。时至今日，这只指数基金已经是全球最大的共同基金。

1974 年至 1975 年，正当博格忙于筹备发行指数基金时，美国电话电报公司（AT&T）为贝尔系统公司（Bell System）组织了一系列的研讨会，以向公司高管们宣传投资指数基金的好处，并鼓励他们在自己的养老基金里先行尝试进行指数投资。当时，贝尔系统是全美国最大的养老基金综合体。而在此前一年，伊利诺伊州的贝尔公司作为第一个吃螃蟹的人，将 1000 万美元

（仅仅占伊利诺伊州贝尔公司养老基金总资产的 3%）交给了富国银行，以进行指数投资。

1975 年年底，新泽西州贝尔公司和南方贝尔公司分别将 2000 万美元和 5000 万美元投给了百骏财务管理公司；纽约电话公司（New York Telephone）将 5000 万美元投给了美国国民银行；西部电器公司（West Electric）将 5000 万美元投给了富国银行。对于这些养老基金来说，投给指数基金的这些钱只占了其总资产的很小一部分。比如，西部电器公司用于指数投资的资金只占全部资产的 2%。美国电话电报公司主管养老金投资的约翰·英格利希（John English）认为，在可预见的未来，贝尔系统的养老金会将 1/3 的资产（约为 23 亿美元）投给指数基金。当时，包括埃克森石油公司（Exxon）和福特汽车公司在内的其他企业也开始尝试指数投资。从 1971 年到 1977 年年底，养老基金的指数投资总规模由 1800 万美元增至 29 亿美元。

1974 年秋，诺贝尔经济学奖得主保罗·萨缪尔森发表了题为《判断力的挑战》（*Challenge to Judgement*）的文章。文章指出，一个被动的投资组合的投资收益将超过大部分主动型投资经理的投资收益。他同时呼吁成立一只基金来追踪标普 500 指数的表现。两年后，他在美国《新闻周刊》的评论专栏中写道："比我想象的还要快，我默默做的祷告已经成了现实。"他指的就是第一指数投资信托的发行。1976 年 8 月 31 日，第一只指数基金正式面世。

尽管有萨缪尔森的力荐，第一指数基金的推出还是遇到了不少挫折。原计划筹集 1.5 亿美元，可最后募集到的钱连目标的 8% 都没到，只有区区 1132 万美元。一开始，该基金曾收取 5.67% 的首次认购费（如果认购金额超过 100 万美元，认购费下调至 1%），但是其投资目标“仅仅”是标普 500 指数，因此在市场里，该基金毫无吸引力（在那段时间，标普 500 指数的指数回报非常糟糕）。在这只基金发布之前的五年，标普 500 指数跑赢了 2/3 的主动型投资管理基金，可自从这只指数基金发行的四年时间中，标普 500 指数的回报却没有跟上主动型基金的平均回报。

1980 年，这只基金更名为先锋 500 指数基金（Vanguard 500 Index），并开始更紧跟指数。1982 年，这只基金的规模增长至 1 亿美元，但这主要因为其中超过一半的资金（约 5800 万美元）来自先锋集团旗下的另一只基金（该基金因为存续时间太长而失效，因此被合并进来）。最终，随着指数基金越来越受到投资者的认可，1987 年，先锋基金的总资产达到了五亿美元。①

指数投资也开始逐渐进入传统投资领域。1976 年，《财富》杂志发表的文章称，美国信孚银行（Bankers Trust）的养老基金

① 截至 2016 年年初，先锋 500 指数基金的总资产突破了 4000 亿美元。

部门“相信指数基金特别适合员工储蓄计划[①]或者利润分享退休储蓄计划。通过指数投资，公司可以告诉员工，公司只是简单地在‘买下整个市场’，这样做可以避免事后因没有取得良好投资业绩而被人起诉”。

高盛银行的高级合伙人古斯塔夫·利维（Gustave Levy）是华尔街的一位知名人士。他曾经非常抗拒指数基金。指数基金的普及意味着成交量的下降，从而导致券商佣金的减少。作为大规模大宗交易的大鳄，毫无疑问，利维并没有轻易接受指数基金。但是，在纽约电话公司养老金投资美国国民银行的指数基金一事上，利维作为纽约电话公司董事会养老基金委员会的委员之一，他投了至关重要的赞成票。

“没有任何一个人会反对这笔投资，”利维说，“你没有办法那样做。从我个人角度说，我不喜欢指数基金这个概念。但很遗憾的是，我也没有任何反对指数基金的证据。我的直觉告诉我，我们理应去尝试那些能够超过市场平均水平的做法。可是从长期看，投资经理的确无法跑赢大市。”

① 员工储蓄计划是一种帮助员工同时进行个人储蓄和员工持股的计划。员工将薪水的一部分拨出用于购买公司股票，同时公司也额外补贴员工的购买行为。这个计划被认为能够增加员工的公司认同感，并同时帮助员工建立储蓄习惯。——译者注

●●●

随着不断地学习，我自己的想法也一直在变化。除了有幸为行业领先的指数基金经理提供咨询服务以外，我也在其他实践中体会到了指数投资的力量。那些主动型投资客户的业绩令人非常失望，这有力地说明了要跑赢市场已经变得相当困难。有一次，我正在芝加哥与亚伯拉罕·贝克尔公司的鲍勃·布雷姆（Bob Brehm）一起筹建其公司一项用于评价基金投资表现的新的基金评级服务。在做这个项目的过程中，我看到了很多压倒性的证据，它们全部指向一个现实：大部分主动型投资经理的投资业绩都没能追平他们自己事先选择的基金业绩基准指数。这和学术界之前的预测一模一样。我曾担任《财务分析》杂志的副主编，市场理论家杰克·特雷诺（Jack Treynor）担任主编。杰克熟稔有效市场理论和指数投资的理念，他向我和读者清晰地阐释了他相信指数投资一定能成功的原因。另外，我也得以认识威廉·伯恩斯（William Burns）——工程师出身的他当时是美国电话电报公司的财务主管。正是在他的引领下，贝尔系统的所属公司开始转向指数投资（后来，威廉在格林威治联营公司担任董事）。

因为我为全美业界领先的主动型投资经理都提供过战略咨询服务，所以在很多投资公司眼中，我是它们可以信赖的军师。我明显感觉到每家公司都认为自己非常与众不同。的确如此。但是，它们不会像我一样，能够接触到其他公司的人员，了解他们的能力，以及他们是否专注于投资。我注意到一个很重要却被它们忽略的现实：与同台竞争的其他明星投资公司相比，虽然每家投资公司都与众不同，但是从投资实力和投资专注力来看，它们并没有与众不同。因为每家都太出色了，所以每家都一样。另外，美国证券交易委员会的《公平披露规则》（*Regulation Fair Disclosure*）要求，所有可能对任何一位投资者有用的信息必须同时向所有投资者公开，也就是说，曾是主动型投资者获胜的法宝的独家信息和深度内幕，会变成人人都知道的商品化的公开信息。

芝加哥大学教授詹姆斯·洛里（James Lorie）曾努力敦促人们以建设性的眼光看待指数投资。他说："有人说，如果你认可指数基金，那就等于你接受了平庸。其实不然，你是在真正地拥抱卓越。指数基金的表现一直很好，年复一年，五年又五年，十年又十年，只要有基金业绩记录，指数基金就能够被证明是非常优秀的。那些想通过市场择时和选股策略来获得额外收益的人，其业绩无一例外地都比指数基金的差。"①

20 世纪 70 年代陆续出现了一些对传统主动型投资管理的质疑声。在 70 年代初，一份贸易杂志曾评论说："就在几年前，每个人都希望能比标普 500 指数多赚至少 25%。很多投资公司

---

① 摘自詹姆斯·洛里在亚伯拉罕·贝克尔公司论坛上发表的题为《论指数基金的重要性》（*Index Funds Are Important*）的演讲。

为了从银行手中获得养老基金的生意，都在销售过程中承诺会比标普 500 指数至少多赚 50%。”同样出现在这篇文章中的实际投资回报数据显示，以主动方式管理的养老基金的回报比“什么都不用管”的标普 500 指数低。文章写道：“很多证据显示，总的来说，专业投资经理在追求优异投资业绩方面真的很失败。”亚伯拉罕·贝克尔公司专门研究了过往 11 年间 300 只大型养老基金的业绩。结果显示，截至 1973 年 12 月 31 日，基金回报的中位数是年均 7.8%。在同一时期，标普 500 指数的年均回报率为 8.1%。无可奈何的是，面对大部分基金没能跑赢股票市场这一现实，投资者只会更想要去寻找和聘请排名在前 1/4 的基金经理，他们期盼着这些经理的表现能够一直优异。但这只是幻想。

面对这些不利于他们的证据，主动型基金经理常常称这些证据是不准确、被扭曲或者断章取义的。共同基金行业的行业协会——美国投资公司协会（The Investment Company Institute）曾发布过一则广告。广告声称，如果在 23 年以前把 10 000 美元投入一只共同基金，到 1972 年年底，这笔钱就值 103 898 美元了，这大概相当于拥有 10.7% 的年均收益率。当时在威灵顿管理公司担任总裁、管理着一只大型平衡基金的约翰·博格指出，如果广告中的计算只包括了纯股票基金，那么最终回报值应当还会更高一些，约为 120 000 美元，相当于 11.4% 的年均收益率。接着，那篇发表于贸易杂志的文章又写道："在 1972 年 12 月 31 日之前的 23 年中，大部分指数基金追踪的指数（即标普 500 指数）每年的增长速度为 13.2%。"这比上述任何年均收益率都要高。

哈佛商学院的杰伊·莱特教授说："1969 年至 1970 年这两年的熊市打破了很多投资者对专业投资经理的幻想。人们不再相信专业人士所承诺的跑赢市场 20% ~ 30% 的花言巧语。可以预见的是，总有那么一天，大多数投资者将开始质疑专业人士跑赢大市的能力。这也许只是一个时间问题。"

机构投资者以各种诡辩作为回应。它们宣称 20 世纪 70 年代初期的投资业绩受到了当时熊市的负面影响，只要有正常的上涨趋势，它们就能再次跑赢大市。1975 年，当整个市场的涨幅超过 1/3 后，大部分机构投资者的投资组合却没能跟上脚步，更不用说取得所谓的"卓越的投资业绩"了。《纽约时报》的一篇报道一针见血地指出："大量证据显示，基金经理并没有交出令人满意的答卷。毫无疑问，这种相对较差的投资业绩给那些坚持认为应当将部分资产投入市场指数基金的人带来了信心。"如表 1-2 所示，通过对养老基金业绩中值进行评测，亚伯拉罕·贝克尔公司发现，养老基金取得的业绩不仅低于标普 500 指数，而且这种差距会随着时间越来越靠近当下而变得越来越大。

表 1–2　　　　养老基金的中值业绩

	标普 500 指数	Becker 测量的中值	差额
三个市场周期（1962 年 9 月 30 日至 1974 年 12 月 31 日）	5.3%	4.1%	–1.2%
两个市场周期（1966 年 12 月 31 日至 1974 年 12 月 31 日）	2.1%	0.4%	–1.7%
单一的市场周期（1970 年 9 月 30 日至 1974 年 12 月 31 日）	2.2%	–0.3%	–1.9%

分析显示，论投资业绩，比起几百只主动型管理养老基金的投资组合，不需要任何管理的标普 500 指数的业绩稳定地排名在前 1/4。研究还发现，90% ~ 95% 专业管理的股票投资组合除了落后于指数，从相对波动性角度看，它们比标普 500 指数的风险更高。保罗 • 萨缪尔森说：“从逻辑层面或者事实来看，问题不在于基金经理是否有能力持续地跑赢市场。因为在随机漫步或者布朗运动（Brownian movements）的数学计算都无法证明或者假设那是不可能的。问题的关键在于，当投资者尝试去寻找这极少数能够打败市场的人或者去寻找那些能够带来持续稳定超额收益的投资秘方的时候，他们往往什么都找不到。”

1975 年夏，我的文章《输家的游戏》（*The Loser's Game*）发表在《财务分析》杂志上。我在这篇文章中提出了我的观点：主动型投资经理几乎不可能持续地跑赢市场。这是因为机构投资行业的成长使这些主动型投资经理变成了市场本身，而且他们的技能和努力正在变成所有主动型投资经理所共同面对的一个难题，那就是过于激烈的竞争。虽然这篇文章作为《财务分析》杂志当年最佳文章获得了格雷厄姆和多德奖（Graham & Dodd Award），但是大部分专业投资者只是屈尊俯就地说他们只是欣赏文章中的理念。他们仍然期待着跑赢市场，并且继续使用着他们早已习惯的投资方法。很明显，他们自信地认为我的这篇文章说的是其他投资者，而不是他们自己。

●●●

指数投资的早期拥护者大多沉迷于新技术，他们只关心同时也强迫别人去关心指数基金美妙运作背后的深奥技术，有些人也会用数据来说明指数投资的优势。指数投资的反对者大多不喜欢看数学公式，他们反驳说："被动投资就是在投降。这是输家才想要的投资策略！""没有胜利是通过平庸获得的！"此外，只要有少数几家主动型投资机构跑赢了大盘，你就总能听到反对指数投资的声音。

给指数投资套上"被动"一词真是大错特错，是指数投资理念的一场浩劫。很少有人知道，世界上最成功的保险产品——人寿保险曾被称为"死亡保险"，更名之后，人寿保险才被广泛接受。起个好名字极其重要。指数投资从业人员大多是工程师或者数学家出身，他们也许从未意识到名字的重要性。我们的文化崇尚竞争，其核心一直都是更努力地工作、更聪明地工作、积累更多的知识以及做得更好。可是别忘了，起个好名字也很重要。要想知道名字有多么重要，你可以尝试读读以下这几句话：“这是我丈夫。他很……被动的。”“我们的美式橄榄球队的队长是……被动的。”“美国总统的性格应当是……被动的。”所以，只有当“被动”这个词所带来的一切负面影响都从我们的思维过程中消失时，指数投资才能焕发出更多的活力，才有更长久和更美好的未来。

人们通常都不会迅速、顺利、高效地接受一个新的、之前从未听说过的概念。查尔斯·达尔文（Charles Darwin）相信，他的进化论无法被社会接受，除非与他同时代的专家全部离世。另外还有一件很有意思的事，那就是约翰·加尔布雷思（John Kenneth Galbraith）为约翰·凯恩斯（John Maynard Keynes）写了一篇书评。这篇书评写在凯恩斯的《就业、利息和货币通论》（*The General Theory of Employment, Interest and Money*）一书的平装本面世之际。当时距凯恩斯的这本巨著在英格兰首次出版已经过去了整整 29 个年头。在书评中，加尔布雷思写道：“凯恩斯不受他所处时代的主流经济学家的待见。当面对要么改变自己的观点，要么证明没有必要改变自己的观点这样的选择时，几乎所有人都选择了后者。”时间又过了整整 20 年，才有美国总统敢公开承认自己属于凯恩斯学派。

托马斯·库恩（Thomas S. Kuhn）在其《科学革命的结构》（*The Structure of Scientific Revolutions*）一书中探讨了“世界究

竟是如何接受新观点的"这一问题。尽管库恩只关心科学理论的演变，但是他分析了新概念被接受的过程。他的研究对指数基金非常有借鉴意义。库恩写道：

> 无论是一种发现还是一套理论，任何对自然界的全新诠释都是从一个或者少数几个人的头脑中出现的。是他们先开始学习如何站在一个不同的角度看世界。他们另辟蹊径的能力来自大部分人都不具备的两个条件：第一，他们总是把全部注意力都集中在某些可能会引发危机的问题上；第二，他们通常都比较年轻，或者刚刚入行开始接触这些已经陷入危机的领域。正因为他们没有太多经验，没有在行内待太久，他们不会像其同行那样纠结于既有的世界观和陈旧的规则。

在很长一段时间里，指数投资的发展受到了巨大的阻碍。但是多年之后，市场发生了变化，竞争更激烈了，指数投资变得越来越符合逻辑，具有很强的经济性。正如图 1-1 和图 1-2 所示，指数基金的市场需求增长得越来越快。

1998 年，指数基金管理的资产为 2400 亿美元，这相当于当时所有共同基金总资产 3.8 万亿美元的 6%。那时，交易所交易基金的总规模也不过 150 亿美元。从那时起，指数投资的革命开始稳步推进。10 年以后，指数共同基金的资产规模已经翻了不止一番，接近 5700 亿美元，相当于全部共同基金资产的 10%。交易所交易基金的规模也飙升至 5350 亿美元。2015 年，这场革命已经席卷了整个投资管理界。指数基金和交易所交易基金的资产分别增长至 2.1 万亿美元，两者加在一起，指数基金总规模高达 4.2 万亿美元，占基金业全部资产的 30%。

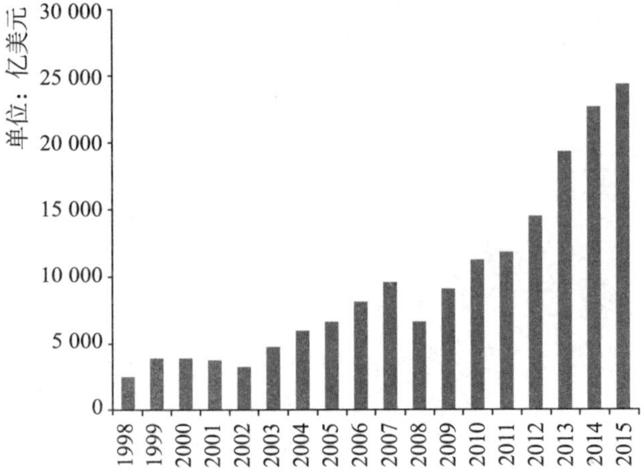

图 1–1　指数共同基金

数据来源：晨星公司，2016 年。

流入指数基金的资金的增长更为迅猛。1998 年，指数共同基金的资金净流入为 440 亿美元，交易所交易基金的资金净流入为 60 亿美元，两者加在一起占当年共同基金行业资金净流入的 23%。在经历了 2007 年至 2009 年的国际金融危机以及随后的经济复苏后，指数基金成了共同基金业几乎全部资金净流入的目的地。2015 年，投资者买入了 1700 亿美元的指数共同基金和 2100 亿美元的交易所交易基金，总计 3800 亿美元。这些资金净流入中的大部分都来自被抛售的主动型基金，就在同一年，主动型共同基金有 2250 亿美元的资金净流出，而指数基金的资金净流入占整个行业资金净流入的 240%。现在，美国先锋集团管理着整个行业约 78% 的资产、约 23% 的指数交易所交易基金资产，总计 2.1 万亿美元。贝莱德集团则是交易所交易基金行业的领头羊，它管理着约 8000 亿的交易所交易基金，占 38% 的市场份额。

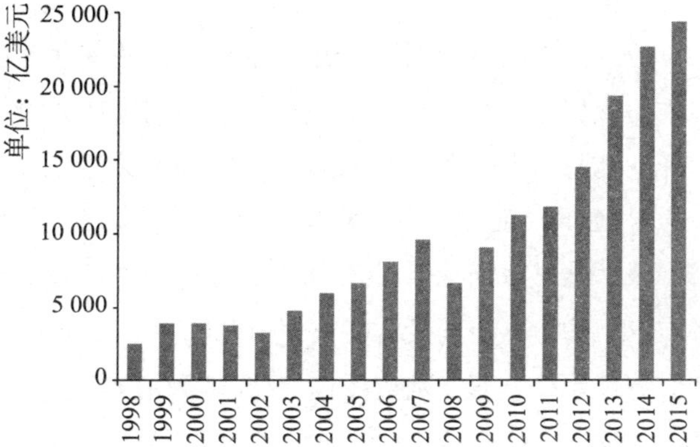

图 1–2　指数 ETF

数据来源：晨星公司，2016 年。

●●●

数据说服了学术界，却没有说服养老基金和共同基金的高管。这些高管决定了基金的投资方向（是否需要从主动型基金转向指数基金)。他们必须对其上司负责，生怕万一投资结果证明他们的决定是错的。所以，他们不肯改变主意去进行指数投资。1977年冬，主动型基金经理进行了全面的反扑，并且获得了暂时的胜利。当时，美国各地的投资管理公司的办公室中都挂上了一张海报。这张海报直指美国先锋集团最近成立的第一指数投资信托。海报上印着山姆大叔，画中的他正举着印有“撤销”两字的大印章，在电脑打印稿上敲印章。海报的大标题是：“一起来把指数基金敲走！指数基金是反美的！”①

当时的投资界对随机漫步理论（市场价格的变化是随机不可预测的，就好像一个喝醉酒而不知道怎样回家的人所迈出的脚步一样）和指数基金的反应都很冷淡。一家大型投资公司的主管宣称：“如果你狡辩说你无法跑赢大市，这是一个站不住脚的借口。虽然从数字上来看，大部分投资经理的投资业绩都没有超过市场平均值，但是没有任何理由要让我们放弃努力。”可是，他们的理由既空洞又缺乏数据支持。《华尔街日报》的一篇文章精准地描写了这些反对者，文章写道：“指数基金这个概念让传统投资圈大为恼火。但是，我们并不应当对此感到惊讶。一位来自波士顿某大型银行的高级职员说，‘我希望这些该死的指数基金早点以失败收场。要是它们不消失，很多优秀的分析师和基金经理都将丢掉饭碗’。”

① 这张海报是由卢佛集团（Leuthold Group）散发的。该集团是地方券商 Piper Jaffray & Hopwood 公司的一家子公司。

“以取得市场平均回报为业绩目标”这个理念把我们变成了很多投资经理的敌人。20 世纪 70 年代中期，纽约市的养老基金刚刚开始投资指数基金。当时，《纽约时报》刊登了一篇题为《为什么指数投资吓坏了基金经理》（*Why Indexing Frightens Money Managers*）的文章。文中引用了米切尔·哈钦斯公司（Mitchell Hutchins & Company）投资委员会主席戴夫·威廉斯（Dave H. Williams）的话：“指数投资就是平庸之路。”

戴维·巴布森（David Babson）是一家赫赫有名的投资公司的 CEO。他讥讽地问道：“追踪标普指数到底有什么好？指数基金走的是消极路线。标普指数本身就囊括了整个股票市场市值的 2/3，所以追踪标普指数很明显不能提供高于市场平均的投资回报。如果你安于仅仅获得指数的投资回报，那么你就等于在投降。”另一种反对声音则宣称指数基金只是“一阵风”罢了，并且将指数基金与那些已经失败了的流行的投资品种进行对比。还有一种反对声音来自另外一些基金经理，他们称指数基金只是对某些过往的市场情况的回应而已，因此指数基金已经过时了。

巴顿·比格斯（Barton Biggs）是摩根士丹利公司备受敬仰的合伙人，掌管着投资研究部门。当时，有两位市场评论家相继撰写文章表示支持指数投资，文章大受欢迎。于是，巴顿给他的机构投资客户写了一篇长文。巴顿写道：

> 这两位……犯了几个严重的错误，他们的论点根本站不住脚……第一个错误是，他们固执己见，认为专业投资经理无法跑赢市场。虽然最近几年，专业投资经理确实没有跑赢市场，可是在 1970 年前，专业投资经理的确曾大幅跑赢标普指数。

巴顿看对了过去，却看错了未来。1976 年，也就是他发表上述长文的那一年，标普 500 指数的总体回报率达到了 24%，比当年主动型股票基金的回报中值高出了整整 4.7 个百分点。

也是在那段时间，美国大通曼哈顿银行研究部门主管欧文 • 佐施纳（Erwin Zeuschner）在写给《华尔街日报》的一封信中，将对指数投资的谴责延伸到了未来。他写道：

> 指数基金的蔓延会带来一个严重的问题——市场将会变得无效，而且认购指数基金的资金流将影响股票价格，而使股票价格无法反映股票内在的投资价值。指数基金将打乱证券市场的整个资本配置过程。如此下去，只有那些被纳入指数的上市公司才有能力进行权益类融资。

其他人也担心指数基金会对资本市场造成负面影响。投资公司斯卡德尔 • 史蒂文斯 • 克拉克（Scudder，Stevens & Clark）曾发表过这样一段评论："如果所有人都开始指数投资，都让投资组合来跟踪标普 500 指数，那么指数成分股的价值相对于其他上市公司就会被高估。这样下去，指数投资的理念就不攻自破了。”但是，当标普公司更新了标普 500 指数的成分股（增加了 45 只股票，同时剔除了 45 只股票），指数基金经理的实际操作情况却与上述观点完全相反。当时，百骏财务管理公司已经成了最大的指数基金公司之一，该公司的迪恩・利巴朗说：“在标普公司宣布指数更新的一周内，在完全不产生市场影响的基础上，我们已经成功地买卖并更新了我们指数基金的成分股。”

1976 年 1 月，纽约市公共事业单位养老基金着手成立一只指数基金。它们通过高盛银行卖出了价值 2.4 亿美元的股票，同时又买入了价值 2.29 亿的其他股票，而且在一个月内，它们完成了所有交易。当时，虽然人们事先都知道有这样一大笔交易，可是其他大宗交易公司的交易员完全没有感觉到这次大规模的仓位调整。更有趣的是，在这笔交易完成两周后，竟然还有股票经纪人致电上述养老基金，希望被选中来执行这些交易，殊不知整个交易早已经结束。多年以后，也就是在流入指数基金的资金创下新高的 2015 年，行业领先的指数基金管理公司几乎完全没有感到其操作对市场有任何影响。

反对指数投资的人还搬出了美国法律中“授信义务”这面大旗。1977 年，Smith Barney Harris Upham 公司备受尊敬的副主席和前投资研究董事威廉・格兰特（William R. Grant）说：

> 企业董事履行他们授信义务最好的方法是确保企业养老基金由成功的主动型投资经理管理，而不应当把投资决策权交给一个

机械的结构（意指指数投资），仅仅是因为这个机械的结构在过去某段时间内投资表现优异，或者这个机械结构能够让企业董事们舒舒服服地回避使用主动型基金经理而可能产生的法律纠纷。有授信义务的企业董事不能回避决策。成功没有捷径，尤其是投资。

这个观点很快就被理查德·波斯纳（Richard Posner）和约翰·兰贝恩（John Langbein）在《美国律师协会基金会研究》杂志（*American Bar Foundation Research Journal*）上发表的文章给否定了。这两位指出，指数投资才是真正履行授信义务的唯一方法。

其实，并不是整个投资界都在齐声反对指数投资。芝加哥哈里斯银行（Harris Bank）的高级副总裁威廉·格雷（William Gray）是一位积极的指数投资者。他在一篇文章中问道："人们对指数投资进行了这么多研究，为什么还是有很多人不知道或者不接受研究结果呢？"他回答道：

很明显，这些研究来自学术的"象牙塔"，或多或少都散发着一股与现实世界脱节的味道……更重要的是，研究结果明显表明，投资活动的某些环节可能根本没有实际价值或者根本不值那个价钱。试想一下：某个群体所做的贡献被研究认定为不值它们所收取的价钱，而该群体中的人又不站出来反对，这可能吗？

一位名为约翰·凯西（John Casey）的养老基金顾问补充说：

我为这些人（指主动型投资经理）感到难过。他们所接受过的训练都是用特定的方法做投资，而且他们投入很多年的努力，用他们熟悉的那种方法进行投资。现在他们突然发现自己毕生都在做无用功，而且做事的方法全是错的。请你想想这些人正在经历的打击吧。有时候我真的很想知道，是什么力量在支撑着主动型投资经理每天早上起床去工作的。

●●●

50 年前，只要在拥有迅捷的信息网络和电脑设备的优秀投资机构中工作，那些行事谨慎、投资经验丰富的分析师就有可能跑赢市场。

40 年前，大量天资聪慧、勤奋努力的人相继涌入投资管理行业，我被这幅景象深深震惊。我开始非常严肃、认真地质疑大部分基金经理的投资业绩，质疑他们是否还有可能明显并持续地跑赢市场，也逐渐开始怀疑主动型投资这场游戏是否还值得继续玩下去。

也就是从那时起，我开始有机会结识投资领域中的一些世界顶尖的投资者，与他们共事，并成了他们的战略顾问和私交密友，对此我感到极其荣幸。通过与他们的接触，我渐渐了解到，其实很多专业投资者的投资能力已经变得非常强大。也正因如此，在扣除成本和费用后，他们中还有哪一位能够持续地跑赢其他人呢？这个疑问在我心中就像一颗种子，慢慢生根、发芽，越长越大。

我开始认为，所有想要做主动投资的投资者几乎都很难做好。他们会意识到自己无法辨别出哪些基金经理的投资业绩能够达到他们的期望值，甚至无法辨别出哪些基金能够在长期内（在扣除成本并经风险调整后）帮助他们赚回基金收费。

多年来，让我改变我自己观点的原因越来越多。我极其幸运，因为我遇到了很多非凡的机遇，而这些机遇让我深刻理解到市场到底发生了什么。我身处一个结构和本质都在剧烈变化的股票市场中。时至今日，投资者无论是谁，无论身处何处，他们都能随时获取几乎所有的重要投资信息。我也身处一个人才质量和数量都大爆发的潮流中，大量的人才被吸引并进入投资管理行业。人人都想成为价格发现专家，人人都在寻找其他专家在市场中可能犯下的定价错误（还必须赶在其他人之前率先发现这些错误）。每个人都需要找到足够多的定价错误来获得足够多的收入，以抵销运营一个投资组合的成本和费用。

在《退出、呼吁与忠诚》（*Exit, Voice and Loyalty*）一书中，阿尔伯特·赫希曼（Albert Hirschman）探讨了一个有趣的问题：当一个组织正走向衰败时，组织中那些有责任心的人能做些什么呢？他们有三个选择：第一，“退出”，这意味着简单地抛弃组织，扬长而去；第二，“呼吁”，这意味着选择留在组织内部，然后大声疾呼，要求组织改变运营方向；第三，“忠诚”，这意味着留在组织中，并且坚定地去支持那些早已走向失败的政策，而这只能是死路一条。“退出”是一项非常轻松的选择，而“呼吁”要想有效果就必须足够用力，直到能够被清楚听到。

在过去的 50 多年中，投资管理就是我职业生涯的全部，它让我享有了一段美好的职业旅程，认识了很多聪明、博闻和有趣的人，也结交了不少好友。在这些年中，市场也经过了多层面的变化。此时此刻，当我目睹市场因太有效（尤其是在价格发现方面）而使主动型投资方法相继失效的现状时，我相信赫希曼在其书中给出的三个选项只有一个行得通，那就是“呼吁”。在此，我呼吁所有投资者都加入指数投资中来。我希望（替几百万个人投资者做投资的）千千万万的机构投资者以及所有个人投资者都能掌握我在接下来几章中介绍的思路和方法，都能够从我的人生经历中慢慢体会到为什么说所有投资者最好都开始指数投资。

现在，越来越多的投资者已经对指数投资表示了接受和认可，并且已经参与到指数投资这场革命中。如图 1–1 和图 1–2 所示，指数共同基金和指数交易所交易基金越来越受到投资者的关注。所以，让我们来深入探讨一下进行指数投资而不要主动型投资的每个主要理由。我认为一共有 10 个主要理由，而其中前四个非常重要。

THE
INDEX
REVOLUTION

Why Investors Should Join It Now

第二部分

指数投资的十大理由

The Index Revolution

Why Investors
Should Join It Now

第 2 章 全球股票市场的一场巨变

与 50 年前相比，全球股票市场和与之相应的投资管理行业在诸多方面都已经发生了极为深刻的变化，现在的股市和曾经的股市已是大相径庭。超大规模、超高速度、新兴技术、信息化、全球化、创新力、监管机制、机构化运作、越来越激烈的竞争……这些都是改变着全球金融市场的强大推手，它们互相叠加，强有力地改变着市场。这是一场巨变。所有的投资者在决定如何投资之前必须首先认清和接受这个现实。

量变引起质变。在过去的半个世纪中，全球主要的证券市场无不同时经历了重大的量变和质变。我们先来了解一下市场的主要变化，然后再进一步去思考下一个问题：这些变化互相之间是如何叠加的？这又引发了怎样的连锁反应。以下是市场在过去50年间发生的一些变化。

• 纽约证券交易所的成交量从每日300万股暴增至每日50亿股，增长了1500多倍。

• 金融衍生品从无到有，成交金额从零到一举超越“现货市场”。执行这些交易的投资者也变了。50年前，纽约证券交易所90%以上的交易是由个人投资者完成的。这些个人投资者可能只读过一两篇《福布斯》《巴伦周刊》《商业周刊》或者其他报纸上的文章，或者只从忙忙碌碌的券商那里获得了一些投资建议。但是，个人投资者毕竟是“外部人士（outsider）”，他们人均每年的交易少于一笔，几乎一半的个人投资者买入的是美国电话电报公司的普通股（当时该股是持有人数最多的美国股票）。

50年后，机构投资者和高频交易算法超越了个人投资者，完成了超过98%的市场交易。这些专业投资机构不仅最活跃，而且其交易手段也最冷酷无情。如今，50家专业投资机构（其中一半是对冲基金）的成交量占纽约证券交易所总成交量的50%。而这50家巨头中最小的一家每年会从赚到的手续费和佣金中拿出1亿美元，向全球各地的券商购买信息服务。这些专业投资机构对新信息的反应都很灵敏，都能接到“第一个电话”。专业投资机构才是市场的“内部人士（insider）”。

• 研究报告铺天盖地，信息在全球范围内自由流动。来自全球所有主要市场、主要证券公司的个股和行业专家、分析师、经济学家、政治分析人士、人口统计学家和地质学家都在撰写各类投资研究报告。这些信息又立刻通过互联网传播给全球各地成千上万的分析师和基金经理。而这些分析师和基金经理都供职于反应快速、决策果断的投资机构。

• 相互竞争的投资公司遍布世界各个角落。它们的类型和规模各不相同，却都拥有大型交易室。这些交易室配备了很多巨幕计算机显示器，显示着由第三方开发的商业软件和内部独家开发的软件所提供的多条即时数据。

• 现在，全球分布着超过 32 万台彭博终端机，这在 50 年前是难以想象的。这些机器每天 24 小时不间断地播报着市场新闻和经济数据。

• 特许金融分析师的人数从 50 年前的零一路增长到现在的 13.5 万人。另外，还有 20 多万人正在排队参加考试。他们正在努力学习备考，但是考试的通过率低于 60%。

• 算法交易、计算机模型和善于发明创造的“宽客”军团（量化分析师）都是新鲜事物，多年前闻所未闻。如今，他们成了市场的主要参与者。

• 互联网、电子邮件和群发传真引领了一场全球性的通信革命。即时、通达全球、7 × 24 小时全天候访问，我们真正地时时刻刻都联结在一起。

• 各国的股票市场（虽然曾相互独立）正在融合成一个几乎无缝、全天候运作、遍布全球各地的单一市场。这个大型的股票市场也在越来越深入地影响着其他金融产品市场。如今，债券市场、货币市场以及大宗商品市场（比如石油、黄金和小麦等市场）都在进行整合和转型。

• 法规开始要求向所有投资者披露所有潜在的重要的投资信息。美国证券交易委员会的《公平披露规则》规定，从 2000 年起，任何重要的公司信息必须同时提供给所有的投资者（法规中所指的“信息”在很多年前曾是特供信息，是主动型投资经理得以成功的关键）。《公平披露规则》使来自上市公司的投资信息实现了商品化，从根本上改变了投资的游戏规则。

• 对冲基金、专门收购其他企业的公司、行动派投资者和私募股权基金成了当今市场的主力军。它们持有不同的观点和不同的目标，却都在全力以赴地寻找证券价格中隐藏的机会。而证券市场也早已成了全球最大和最活跃的预测市场。

这些变化结合在一起引发了一场巨变。正如电影《绿野仙踪》（*The Wizard of OZ*）中多萝西（Dorothy）对托托（Toto）所说的那样：“我们早就不在堪萨斯州了！”

50 年前，我认为一位有经验的投资高手是有可能挑选到一支能够（并且也将）“打败市场”的基金经理和分析师团队的。直到现在我也坚持认为，主动型投资者在那时是有前景的。但在经历了半个多世纪的重大、复杂和多维度的变化之后，除了极少数的几家投资机构以外，几乎所有的投资机构都不可能在扣除成本和费用之后长期跑赢市场。对于成绩优异的几家投资机构来说，如果对它们的潜在投资回报收益率进行风险调整，那么它们的回报率也实在太小、太不确定了，以至于不值得再去进行主动型投资。投资者最重要、最有价值的工作就是制定投资目标、制定能够实现这些目标的投资原则以及能够坚持到底的投资路线。当跑赢市场的目标使投资者分心，导致他们无法专注地去做上述更重要的事情的时候，投资者就更无法进行主动型投资了。

只要遵循指数投资的原则进行指数投资，集中时间和精力制定投资原则来实现自己的具体目标，几乎所有的投资者都将获得更好的投资回报。这就是我从过去 10 年的经验中得出的实事求是的结论。

随着市场不断变化，理论上可能会有这样一天：由于过多的主动型投资者转向指数投资，市场将再次变得相对低效，因此主动型投资经理可能再次跑赢市场。但是，这一天不太可能会出现，原因有以下几个。

第一，虽然指数基金和指数交易所交易基金约占股票市场总资产的 30%，但是这些指数型基金的成交量还不到市场总成交量的 5%，与频繁交易的主动型投资者的交易量相比，这极其微小。请记住，市场交易决定市场价格。

第二，放缓投资竞赛的竞争的唯一方法是降低主动型投资经理的薪酬，挣不到钱的他们可能会选择离开。如今，主动型投资经理的薪酬是如此之高，要是没有一场恐怖到令人发指的薪酬降幅，他们是不会离开这个行业的。

第三，主动型基金经理成功投资的关键是迅速获得优质信息。在《公平披露规则》、大量的彭博终端机以及互联网这三者的共同作用下，精准的投资信息能够以最低的成本被立即传递给每位专业投资者。这就使任何一家投资公司都很难跑赢其他专业参与者。

作为投资者、公司或者个人的我们，都应当为拥有一个运行良好的市场而感到庆幸。全面开放、高度规范和有深度的市场以及准确的公开市场价格，这本身就有利于经济的发展。就好像优质的水或者免于恐惧或者暴力的自由一样，只要这是我们真正拥有的，那个人或者机构就应当意识到这个现实，并且享受它所带来的好处。

第3章 指数投资的业绩优于主动型投资的业绩

信念可以很强大，尤其当我们相信它的时候。这就是在大多数战争中，交战的双方都坚信自己才是正义的一方的原因，这也是有些人仍然不认同气候变化是全人类面临的一大威胁的原因。可无论如何，我们应当直视事实。正如丘吉尔所说的那样："事实正在看着我们！"

事实令人大跌眼镜：大部分主动型共同基金的投资回报并没有追上相应的（追踪相同业绩基准指数的）指数基金的投资回报。时间越长，主动型基金经理的相对投资回报就越糟糕（尽管可以更换具体的投资目标或者基金经理，可对于投资者来说，这依旧是一个很大的问题，因为大多数投资者无论如何都将在接下来的 20 年、30 年、40 年甚至更长的时间中继续投资。如果算上他们的继承人，投资时间则会更长）。基于晨星公司所提供的数据，表 3-1[①]清晰地揭示出主动型基金低成功率的问题。晨星公司是一家值得信赖的共同基金投资业绩独立评估机构。

表 3-1　　主动型基金（按类别划分）的“低成功率”

类别	1 年	3 年	5 年	10 年
大盘混合	27.7%	27.8%	16.3%	16.6%
大盘价值	36.5%	34.6%	19.6%	33.7%
大盘成长	49.3%	18.9%	11.9%	12.2%
小盘混合	50.2%	34.9%	32.8%	24.7%
小盘价值	66.7%	54.1%	38.0%	38.3%
小盘成长	22.3%	28.6%	20.6%	23.2%
境外大盘	63.6%	47.6%	44.7%	33.9%
新兴市场	63.0%	55.9%	61.2%	42.3%

数据来源：晨星公司。数据和计算截至 2015 年 12 月 31 日。

在过去 10 年间，主动型基金的“成功率”非常低。无论哪个基金类别，只有不到一半的基金能追上或者超过它们所追踪的指数或者业绩基准（以下数据都是扣除了基金收费后的投资

① 该表被称为主动 / 被动晴雨表，它使用扣除基金收费后的实际投资业绩（而不使用指数，因为指数本身不是一个可以投资的标的）来衡量美国每个类别的主动型基金经理与同类别的被动型基金经理的业绩。

净回报数据）。在四个类别中，有三类基金的情况是，只有不到35% 的基金的投资回报能够追平自己的业绩基准。投资者需要面对的现实问题是：超过 3/4 的基金都是输家。

同样严重的问题是，将近一半的共同基金根本就没有存续超过 10 年。基金通常会因为投资业绩不佳而被清盘或者合并进其他业绩更好的基金。在过去 10 年中，清盘或者合并的基金占了至少：

- 40% 的大盘价值基金；
- 48% 的大盘成长基金；
- 32% 的小盘价值基金；
- 47% 的小盘成长基金。

清盘的基金还有一个痛苦的“意外结局”，如图 3–1 所示。基金的价格往往会在其生命周期最后的 12 ~ 18 个月内急剧下跌。清盘后，这些基金会被静静地安葬，再也没有任何人会提起它们，甚至没有人承认这些基金曾经存在过。但是，投资者需要知晓这些被遗弃的“孤儿”，因为它们是整个事实真相的重要组成部分。

我想，大多数投资者不会轻易接受这些数据。很多人可能会说：“我见过的投资业绩数据可比你给我看的好多了。你的数据一定是出了什么问题。”出问题的应当是那些广告和宣传材料。它们将基金业绩数据以一种特殊的方式呈现给投资者，使投资者在脑海中形成了主动型投资经理能力佳、业绩高的虚假印象。很不幸的是，这个骗局并非偶然。

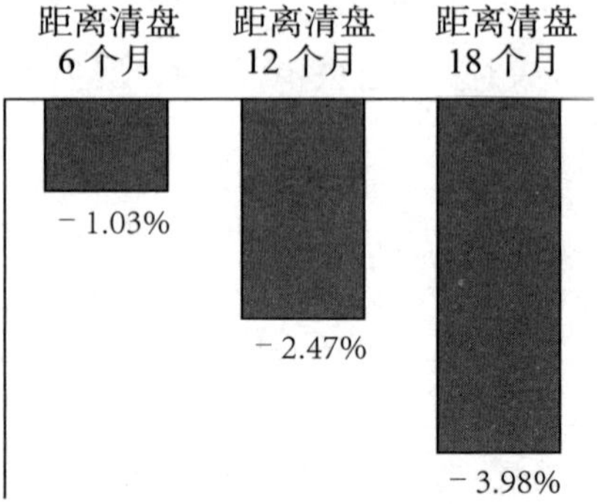

图 3–1 基金价格在清盘前的快速下跌

数据来源：美国先锋的计算，基于晨星公司的数据。

迄今为止，没有任何法规要求基金公司必须继续报告他们不再管理的基金的情况，基金公司也不需要报告其基金家族中有多少基金已经被清盘或者被合并进同一家族的另一只更稳健的基金。法规也没有要求基金公司报告基金在清盘或者合并之前的业绩有多糟糕。因此，基金公司互相模仿：“妈妈，其他小朋友都在这样做。”在这场“追求更差”的比赛中，基金公司将那些表现较差或者中等的基金从数据库中删除，就好像这些基金从未存在过一样。只要我们将这些被删除的失败基金重新加入基金公司的投资记录中，就会为这些公司添加不利的证据，结论就会立刻从“主动型投资常常有效”变为“主动型投资常常无效”。

投资顾问也会向基金业绩数据里掺水，机构投资者常常聘请他们来帮助自己挑选投资经理。当投资顾问从他们的推荐列表中剔除一位投资经理时，他们通常会将这位投资经理的数据全部删除。当他们向列表中添加一位新的投资经理时，他们会将该投资经理在前几年的优异业绩整个加进来。数据掺水的结果当然很具有欺骗性，那是一张展示了投资顾问所“选择”的投资经理是如何大幅跑赢大盘的图表。

有思想的投资者通过观察证券市场竞争格局的巨变，可能早已预料到主动型投资经理将越来越难跑赢他们的业绩基准。表 3–2 中的数据（包括那些已经合并或者清盘的基金的历史投资业绩）证实了这一悲观预期。随着时间的推移，每年都有越来越多的主动型投资经理跑输他们的业绩基准，只有少数几位基金经理获得了成功。几乎每一年，在每一个基金类别中，主动型基金经理的投资业绩都不如他们自己设定的业绩基准。

表 3-2　跑赢指数的主动型基金经理的年度成绩单

基金类别	基准指数	2000	2001	2002	2003	2004	2005	2006	2007	2008	2009	2010	2011	2012	2013	2014	2015
所有美国国内基金	标普综合 1500	40.5	54.5	59.0	47.7	51.4	44.0	67.8	48.8	64.2	41.7	57.6	84.1	66.1	46.1	87.2	74.8
所有大盘	标普 500	36.9	57.6	61.0	64.6	61.6	44.5	69.1	44.8	54.3	50.8	61.8	81.3	63.3	55.8	86.4	66.1
所有中盘	标普中盘 400	78.9	67.3	70.3	56.4	61.8	76.0	46.7	46.4	74.7	57.6	78.2	67.4	80.5	39.0	66.2	56.8
所有小盘	标普小盘 600	70.7	66.4	73.6	38.8	85.0	60.5	63.6	45.0	83.8	32.2	36.0	85.8	66.5	68.1	72.9	72.2
大盘成长	标普 500 成长	16.0	87.5	71.8	44.7	39.5	31.6	76.1	31.6	90.0	39.1	82.0	96.0	46.1	42.7	96.0	49.3
大盘价值	标普 500 价值	54.5	20.6	39.4	78.5	83.2	58.8	87.7	46.3	22.1	46.2	34.7	54.3	85.0	66.6	78.6	59.1

续前表

基金类别	基准指数	2000	2001	2002	2003	2004	2005	2006	2007	2008	2009	2010	2011	2012	2013	2014	2015
中盘成长	标普中盘400	78.4	79.0	87.0	31.7	59.7	78.6	34.9	39.3	89.0	59.7	82.1	75.4	87.2	36.7	56.2	79.9
中盘价值	标普中盘400价值	94.8	55.8	74.3	81.9	63.6	71.8	38.4	56.1	67.1	47.8	71.8	64.9	76.2	45.3	73.6	32.4
小盘成长	标普小盘600价值	73.0	81.3	94.2	35.3	93.6	72.2	52.1	39.4	95.5	33.5	72.7	93.8	63.7	55.6	64.5	88.4
小盘价值	标普小盘600价值	74.4	48.7	37.5	49.3	77.5	46.0	77.0	39.9	72.5	26.3	51.8	83.0	61.8	79.0	94.3	46.6

数据来源：标普公司、CRSP。数据更新于2015年12月31日。跑赢指数是基于基金业绩的平均加权计算得出的。

在股票基金的各个类别中，基金业绩都比业绩基准要差，这是晨星公司、摩根士丹利、CRSP[①]、标普公司和美国先锋集团等机构通过数据研究所得出的一致结论。从 2005 年到 2015 年，82% 的大盘基金、94% 的大盘成长基金、61% 的大盘价值基金和 88% 的小盘基金的投资业绩都低于它们的基准（如表 3–3 所示）。对于长期投资者来说，这种情况令他们很担忧。在这 10 年中，在册的基金数量一度高达 2110 只，但其中至少 40% 已经不复存在了（通常是被合并到其他有相似投资目标的基金中），只有 1/3 的基金能一路坚持它们自己的投资风格。

表 3–3　被基准指数超越的美国权益基金的占比

基金类别	参照指数	1 年（%）	3 年（%）	5 年（%）	10 年（%）
所有美国国内权益类基金	标普综合 1500	74.8	80.9	88.4	83.2
所有大盘基金	标普 500	66.1	75.8	84.1	82.1
所有中盘基金	标普中盘 400	56.8	61.6	76.7	87.6
所有小盘基金	标普小盘 600	72.2	81.7	90.1	88.4
所有大中小盘基金	标普综合 1500	73.6	79.6	88.6	88.3
大盘成长基金	标普 500 成长	49.3	76.3	86.5	93.6
大盘价值基金	标普 500 价值	59.1	78.7	82.1	31.0

数据来源：标普公司、CRSP。数据更新于 2015 年 12 月 31 日。跑赢指数是基于基金业绩的平均加权计算得出的。

如表 3–4 所示，在这十年中，40% 的共同基金由于各种原

① CRSP（Center for Research in Security Prices）是美国芝加哥大学商学院下属的一个研究证券价格的学术机构。——译者注

因被关闭，惨不忍睹。只有 36% 的基金坚持了既定的投资原则，保持了始终如一的投资风格。

表 3–4　　美国股票基金的存活率和投资风格稳定率

基金类别	量初的基金数量	存活率（%）	投资风格稳定率（%）
十年			
所有美国国内基金	2110	60.0	35.9
所有大盘基金	672	56.4	39.1
所有中盘基金	355	60.6	30.0
所有小盘基金	475	63.2	41.9
所有大中小盘基金	608	61.9	31.4
大盘成长基金	204	49.0	35.3
大盘价值基金	200	66.5	48.5
中盘成长基金	171	51.5	32.8
中盘价值基金	89	73.3	20.9
小盘成长基金	184	54.9	44.6
小盘价值基金	88	75.0	36.4

数据来源：标普公司、CRSP。数据更新于 2015 年 12 月 31 日。跑赢指数是基于基金业绩的平均加权计算得出的。

市场上有种流行的说法，即主动型投资在低效市场（比如小盘股市场或者新兴市场）中会有显著的竞争优势。但是，鲜有确凿的数据为这些说法撑腰。很多人都认为，与美国市场相比，国际市场将是“一个不一样的市场”，在国际市场中，基金经理将更容易跑赢大市。可是，与预期完全相反，表 3–5 中的数据已经说明那些投资海外的国际基金的失败率也很高（几个小型市场除外。在高收益债券、新兴市场债券和其他低效的市场中，理性分析和有选择性的投资似乎还是能够带来额外的投资回报，尤其是在帮助投资者规避严重风险方面）。很多人还相信“聪明的投资者”已经转投对冲基金或者行动派基金，但是总体上说，这类基金在扣除费用和税款之后的投资业绩也差强人意。鉴于基金存在被中途清盘的可能性，寻找成功的基金是一项巨大的挑战，尤其是在扣完税款之后。

表 3–5　　落后于业绩基准的国际基金的百分比

基金类别	业绩基准指数	十年百分比
全球	标普全球 1200	79.2%
国际	标普国际 700	84.1%
国际小盘	标普发达市场（除美国）小盘	58.1%
新兴市场	标普 / IFCI 综合	89.7%

数据来源：标普公司、晨星公司。数据截至 2015 年 12 月 31 日。过往业绩并不能保证未来业绩。

表 3–5 显示了在过去十年中投资业绩落后于其业绩基准的“投资海外”的基金数量。

长期困扰着主动型投资的“幽灵”是业绩不佳，而且它不会离开主动型投资，只会让情况变得更糟。原因很讽刺：当今的股票市场正被有史以来最大规模、最有能力、最博学、最具竞争力的专业投资者主导着。因此，几乎没有人能够在扣除成本和费用之后不停地打败其他人。主动型投资经理没能跑赢市场、没能在扣除成本和费用后持续地打败其他基金经理的原因不是因为他们不够博闻、熟练、专业或者勤奋，而是因为他们的竞争对手是如此之多，是如此熟练、博闻和勤奋，并且拥有着无比丰富的信息和先进的技术。这就是主动型管理基金的净增费用占净增回报的百分比已超过 100% 的原因（第 4 章会对此进行详细的解释）。

然而，专业投资机构和主动型基金中那些有授信义务的独立董事拒不承认这些客观数据，甚至想对此视而不见。行为经济学家和诺贝尔经济学奖得主丹尼尔·卡尼曼（Daniel Kahneman）默默地关注着这种行为，他精辟地点评道："对于任何观点，只要相信它的人足够多，人们就会对此观点产生不可动摇的信念。"

即使主动型基金经理可以神奇般地预知未来市场将要发生的事，他们也不一定能够跑赢市场。他们必须先去预判其他主动型投资者会怎样兑现预期，并在预判的基础上，通过在投资市场上采取相对应的行动，以获得更好的投资业绩。而市场上其他的主动型投资者也在做相同的事情，这就形成了一个无休止的无尽循环，直接导致市场价格的快速变化和"市场情绪"的大起大落。证券的核心价值本来就很难确定，而在上述过程中，证券的核心价值会发生迅速、随机的偏离。这一切就好比毫无意义的大声吵闹，这就形成了投资市场的随机噪音。

●●●

其实，成功投资的关键在于避免出现常见的错误。我在1975年撰写的文章《输家的游戏》就以此为假设前提。文章中，我将主动型投资毫无用处这一冷冰冰的事实，与西蒙·拉莫（Simon Ramo）在其标题显眼的短篇小说《普通网球运动员的非凡网球》（*Extraordinary Tennis for the Ordinary Tennis Player*）中提到的概念结合了起来。拉莫是一位一流的业余网球运动员，他说有两种非常不同的体育游戏，却都被称为网球。这两种游戏使用相同的球场、网球、球拍和计分方法，有着相同的着装要求，而它们实际的打球过程和获胜关键却完全相反。第一种网球游戏是由少数极其出色的网球运动员在玩，他们会“为了赢球而打球”；而第二种网球游戏属于其他非顶尖运动员，如果你想赢的话，那就请你调整心态，要“为了不输球而打球”。

原因也很简单：大多数网球运动员并没有能力发出每小时130英里[①]的高速、高精度的球。如果他们霸王硬上弓，发球将可能失误。如果他们试图直接将球发到对方的底线，那么极有可能会出界。据拉莫统计，在比赛中，专业选手大约90%的得分是靠主动赢来的，而业余选手90%的得分是靠对方主动失误得到的。对于大多数球员来说，网球比赛是一种输家的比赛，即输家决定谁才是最终的赢家。所以，对于业余运动员来说，

① 1英里约为1.6093千米。——译者注

想赢一分、一局甚至一盘的关键是不要输，而且要在你力所能及的范围内稳定发挥。要想赢，你就必须比你对手输得少。投资曾是一种赢家的游戏，但那可是在 20 世纪 60 年代初。由于市场的各种重大变化，投资已经成了并将永远成为一种输家的游戏。在这场游戏中，犯错少的才是赢家。

The Index Revolution

Why Investors

Should Join It Now

第 4 章 低收费是指数投资的重要原因

我的父亲曾经以令我难忘的方式教育过我。20 世纪 50 年代末，一个冬天的星期六下午，我们几个孩子在马萨诸塞州马布尔黑德宜人街的沃里克剧院看完电影回到家。爸爸问我们："电影好看吗？"

"嗯，很好看。"

"你们看了什么电影？"

"约翰·韦恩（John Wayne）的电影。"

"沃里克剧院的电影票多少钱？"

"12 岁以下 12 美分。12 岁以上 35 美分。"

然后，爸爸问了一个让我思索了一生的问题："为什么？"

我们很快就想出了答案："因为我们是小孩，爸爸。他们只收 12 美分，这样就会有很多小孩去看电影。"但是，简单的答案过不了爸爸这一关，爸爸又问："沃里克剧院放电影不赚一分钱，为什么他们还是只收 12 美分？"

"爸爸，你的问题好像有陷阱呢？"

"不，这不是一个有陷阱的问题，但是要得出正确的答案就要仔细想想。"

爸爸就是这样开始让我们与他一起思考这个问题的。原来，沃里克剧院的老板愿意亏钱放约翰·韦恩的电影，是因为他们在高价的可乐和爆米花上大赚特赚。爸爸其实是想要我们学会如何区分表象与现实。

几年后，爸爸和妈妈邀请我们一起去纽约，到一家名为 Cafe Chambord 的很精致的法国餐厅共进晚餐。在餐厅里坐下后，我们翻看着厚重的菜单，忍不住开始评论晚餐会多么美妙和昂贵。

然后，爸爸问了我们另一个很特别的问题："如果我告诉你们，这家餐厅在这些美妙的食物上完全不赚钱，那么为什么这家高档餐厅还没倒闭呢？你们如何解释这种情况？"

“爸爸，这又是一个有陷阱的问题吗？”

“不，这不是一个有陷阱的问题，但是要得到正确的答案就要仔细想想。”这时，我们才从爸爸那里得知，一家成功餐馆的利润不是来自食物，而是来自饮料和酒水，比如鸡尾酒和葡萄酒等。爸爸再次教育我们去思考身边各种东西是如何定价的，思考表象和现实的显著差异。

在过去 50 年中，投资管理服务的定价一直不受经济学定律的管控，是一个例外。[①] 更有趣的是，这种例外在大多数买家和卖家的眼中似乎没什么不正常。大家貌似都认为这种定价一直都是这样，并将永远这样下去。但实际上，这种情况可能很快就会发生变化，甚至可能发生实质性的变化。支撑这种例外的定价模式的基础正在发出声响，不突兀却很有力。这种变化不可避免。此时此刻，人们都已经看出了端倪。

爸爸的言传身教潜移默化地影响着我。直到最近，我终于看清了一个显而易见的事实：投资管理的收费并不低。相反，收费很高，非常高。

---

① 还有两个例外，一个可能是脑外科医生的大型手术费；另一个可能会在对冲基金经理和拥有自己的上市公司的科技精英们经常光顾的高档餐厅的葡萄酒单上找到，他们大多按价格选择葡萄酒。众所周知，那些吝啬的侍酒师会故意给一些价格本已很昂贵的葡萄酒重新标上令人咋舌的高价，以吸引一些客户的注意。但这些客户确实有难以描述的需求，他们需要证明自己能买得起那些他们自认为是“最好”的酒。

那是在投资委员会最近举行的一次会议上。当时我们在听一位著名的基金经理发言。他说，作为基金经理和客户，我们之间建立起的“伙伴关系”是我们多年共同努力的结果，是我们工作关系的基础，听起来者确实很令人欣慰。在那之前，我曾在十多个投资委员会中任职，而且作为投资委员会委员，我非常享受这种角色和职责。我也认为，作为客户的我们和基金经理都肩负着培育我们双方之间良好工作关系的责任。所以，“伙伴关系”这个词听上去真不错。

我一边听他讲话，一边看投资报告中的数据。忽然，我想起了我前老板的告诫。我在洛克菲勒兄弟公司的老板 J. 理查森·迪尔沃思（J. Richardson Dilworth）曾提醒我说：“要永远记住谁才是马，谁才是戈黛娃夫人（Lady Godiva）[①]。”我盯着毛回报（扣除费用前的投资回报）和净回报（扣除费用后的投资回报）的数字看，我终于明白了！作为捐赠基金的我们和基金经理之间的关系顶多只是一段不正常的“伙伴关系”而已。我们提供了所有资本，承担了所有风险，而基金经理却获得了稳定且巨额的基金管理费，报告中毛回报与净回报之间的差额就是基金经理的油水。最近，这位基金经理表现不佳，而这个严峻的现实让我们与基金经理之间的“伙伴关系”变得很微妙：我

① 传说在 13 世纪左右，英国有一位戈黛娃夫人。当时，她的丈夫强加重税给百姓。而她为了争取替市民减免重税，裸体骑马上街，城里的百姓都回到家关上门窗，无一人偷看。后传为佳话。——译者注

们的捐赠基金承受了全部亏损，而基金经理却继续向我们收取所有费用。从更长的时间轴上看，虽然这只基金总体上跑赢了大市，但是所有超额投资收益中的一大部分都让这位基金经理拿走了。我们的捐赠基金扮演了寓言中的那匹马的角色，而基金经理才是戈黛娃夫人。

“表述方式（framing）”的不同不仅可以让事情看上去很不一样，而且还影响着投资管理的费用。多年来，投资者和投资经理在描述投资管理费用时都使用的是“只有 1%”。如果我们以总资产的百分比来表述费用时，投资管理费用看起来确实很低：对于共同基金来说，稍多于 1%；对于机构投资者的独立账户来说，则只有 1% 的一半（即 0.5%）。但是如果我们换一种表述方法，从不同角度来看投资管理费用的话，那么你就不会认为“只有 1%”是对投资管理费用的公允表述，也不会认为投资管理费用很低了。

这是一个很简单的数学问题，只需要改变一下你的视角即可。对于拥有投资资产的你来说，投资费用的正确计算方法不应当是总资产的百分比，而应当是投资经理帮你获得的投资回报的百分比。这种视角转变非常简单，可就是这样简单的一步就把你从虚幻带入了现实：投资管理费用不再“只有 1%”，而是实实在在的“14%”（假设股票投资的收益率为 7%，1% 的费用除以 7% 的回报，很明显，投资费用大约占了投资回报的 14%）。这样一计算，收费标准中的花言巧语就完全不起作用了。这只是第一步，我们还需要彻底了解投资管理费用的其他方面。

第二步，我们要清醒地认识到，所有人都有其他的投资选择。指数基金以其简洁的投资形式正在稳定地为投资者获得与市场风险水平相匹配的回报率，而且收费水平一直很低，只有约 10 个基点，即 0.1% 左右。

我们在微观经济学课程中学到，对于商品和服务来说，它们的价格与其价值相关。通过比较它们的价格，我们可以衡量它们的相对价值。在投资管理领域，投资者有多种投资策略可以选择：按“度”投资，比如聘请一位或者多位主动型基金经理；按“类”来投资，比如进行主动型投资或者指数投资。论投资产品的价格及其真正价值，主动型投资能够并且应当与现在已经被广泛接受的其他投资类型（即指数基金和交易所交易基金）进行比较。

所有投资者都可以自由地在指数投资和主动型投资之间做出自己的选择。如果选择了主动型投资，我建议投资者最好考虑一下，是否真的愿意支付主动型投资的净增费用（相较于指数投资的收费而言）：指数基金和交易所交易基金基本上都只收取 0.1% 的费用，而主动型共同基金通常收取 1.0%。主动型投资的真实收费水平应当这样表述：真实收费水平 =（主动型投资收费 – 指数投资收费）/（主动型投资业绩 – 指数投资业绩）。如果主动型投资（扣除费用并经过风险和不确定性调整后）的额外收益明显高于指数投资（扣除费用后）的收益，那么投资者就可以认为主动型投资的确物有所值。例如，假设某只主动型共同基金（扣除费用后）长期跑赢市场整整两个百分点，若其投资管理费用为 1%（比指数基金的平均费用高 0.9%），那么这种收费水平并没什么问题。我们称这 0.9% 为净增费用，称跑赢市场的两个百分点为净增回报。需要指出的一点是，0.9% 净增费用占 2% 净增回报的 45%。客户提供了全部的资本并承担了所有风险，而基金经理却依旧拿走了 45%。更讽刺的是，平均来说，大型主动型共同基金的基金经理根本没有可能长期跑赢市场 200 个基点。

虽然我们对这个现实不是很满意，但是让我们依然抱有期望地再来计算一次。假设某位只做多头的基金经理的收费标准是“只有 1%”，并假设在扣除费用之前他跑赢市场 0.9%，那么他的净增费用（1.0%–0.1%=0.9%）占净增回报（0.9%）的百分比将高达 100%。因此，主动型管理“真实的管理费用”是出奇地高。这就是明智的投资者都在关注主动型基金经理的真实费用（即净增费用占净增回报的百分比）的原因。现实很严峻，大多数主动型基金经理在扣除费用后都没有跑赢自己的业绩基准。所以对于这些基金经理来说，净增费用占净增回报的百分比已经高于了 100%，甚至是无穷大。

在随机抽取的基金样本中，60% 的基金经理在一个典型的

12 个月的时间区间内的投资业绩都没有达到他们的业绩基准。投资是一个复杂且连续的过程，要评估基金经理的投资能力，12 个月可能太短了。那我们再来看看长期投资业绩。以 10 年期的业绩看，约 70% 的共同基金未能达到它们的业绩基准。更重要的是，平均来说，这些基金跑输业绩基准的幅度是另外少数赢家的 1.5 倍。如果评估的时间延长至 20 年（请注意，能存续 20 年的共同基金本来就已经非常稀少），没有达到业绩基准的基金占了 80%[①]。上述数据都经过了精心的修正：我们将每个时间段中曾经被人为地从数据库中剔除的基金再次加进来，并且删除了那些事后加入数据库的基金（也就是在每个评估时间段的开头根本就不存在的基金）。

在低收费的指数投资遍地开花的时代，主动型基金经理能否继续假设投资者不清楚其收费高昂而继续生存下去呢？

投资管理行业有二元性：价格与价值。价格那一元代表的是不断增加的投资管理费用。随着费用的上升，主动型投资经理的价值反而一直在降低，这就是投资管理行业很少有人注意到的二元对立现实。本书的第 2 章给出了原因，第 3 章则列举了很多实例。简言之，大多数主动型基金经理的投资业绩甚至都不如他们的业绩基准。更糟糕的是，对于投资者来说，想用过往业绩来预测哪些基金经理将在未来获得卓越的投资业绩，

① 数据来自美国先锋集团。

这几乎就是一件不可能的事。但有一个例外：一直以来，低收费的基金经理的投资业绩都优于高收费的基金经理。

正如我们在经济学入门课程中所学的那样，价格非常重要。如果价格不是自由市场的唯一重要因素，那也是重要因素之一。价格驱动市场的发展，因为价格是供需曲线交叉的那一个点，自由市场中的所有买家和卖家在这个点上都将获益。想要彻底了解投资管理服务的价格，了解一些历史会对你有所帮助。

20 世纪早期，特别是在波士顿，很多信托最早是由律师事务所成立的。因为受托人是律师，所以这些信托由律师来管理。传统上，律师按小时收费，于是信托管理业务也采用同样的收费方法。信托管理业务包括向受益人付款、收取利息和股息、提交报税表和监督信托投资等具体事项。在当时的波士顿，业内领先的律师事务所常常都设有专门从事投资业务的部门，它们在信托管理和投资服务上的盈利为已经退休的律师事务所合伙人提供了令人愉快且稳定的收入。随着时间的推移，在波士顿开始出现一类受托人，他们不从事普通的律师业务，而完全专注于信托和投资业务。

20 世纪 30 年代初期，波士顿有一家叫作斯卡德尔 · 史蒂文斯 · 克拉克的信托投资公司，它不经营普通的律师业务，而专门从事信托投资业务。鉴于信托的规模大小不一、相差悬殊，该公司的合伙人认为按小时收费的方法已经不完全合适了。他们认为跟投资相关的服务不应当按时间收费，而应当按照基金的投资组合的规模收费。但是经过一番斟酌后，他们又遇到了一个新问题：是基于基金资产还是基于股息来计算费用呢？这个问题很难回答，所以该公司的合伙人决定同时基于资产和股息收费。几年后，美国经济大萧条，股市大幅下跌，但是上市公司派发的股息却没有减少。这些合伙人开始认为即使只基于股息收费，对客户来说也是不公平的，于是他们把收费模式完全改成了基于资产收费。当时，客户纷纷赞扬这个决定，称这样做体现了公司的专业诚信精神，并将该公司推荐给他们的亲朋好友。

每位投资经理都应当像过节一般载歌载舞地庆祝那一天：收费标准从按小时计算改为按资产规模计算的那一天。从那一天起，投资管理的“生意模式”发生了彻头彻尾的改变。以前，投资管理一度只是一个收入水平中等的“专业服务”行业，但后来竟成了世界上油水最多的“专业生意”。

此外，投资管理与其他薪酬水平高的行业的一个不同之处在于，年龄不是一个人职业发展的掣肘。例如，投资银行家和交易员大多数会在 50 岁之前自愿退休；大多数商业银行的固定退休年龄为 65 岁。但是在投资管理界，投资经理通常能工作到 70 多岁，有的甚至工作到了 80 多岁。[①] 而且，很多投资经理私下都在为自己的个人投资账户寻找非常有吸引力的投资机会。虽然这种做法不会影响他们向客户收取费用，却又一次增加了他们的收入。

很多年以前，银行信托部门的收费水平是被政府管控的。为了保护丧偶的妇女以及孤儿，纽约州和其他州设定了信托收费的上限。当时，银行信托的显性收费确实很低，通常为每年 0.1 个百分点。可是，在 20 世纪 70 年代可议价佣金制出现之前，银行发现了一个能够增加其信托业务收入的“后门”。在正常情况下，银行通过借贷赚取利润。例如，如果美联储要求商业银行必须持有 20% 的存款准备金，那么银行就能借出相当于稳定活期存款五倍的款。而券商在正常的业务运作中常常会持有大量现金。如果券商把这些现金存入银行，那么银行就能通过贷款运作赚到至少五倍的利息。

券商和银行家都心知肚明稳定活期存款背后的经济价值。于是，一种复杂的“以物易物”的做法出现了。券商会将大量现金存入银行，而为了回报券商并留住它们的存款，银行的信

---

① 菲利普 • 卡雷特（Phil Carret）是最早的共同基金之一——先锋基金（Pioneer Fund）的创始人，他一周工作五天，直到 100 岁。罗伊 • 纽伯格（Roy Neuberger）是路博迈公司（Neuberger Berman）的联合创始人，工作到 94 岁。欧文 • 卡恩（Irving Kahn）在卡恩兄弟集团（Kahn Brothers Group，Inc.）公司工作，每周工作四天，直到 106 岁。我们都希望巴菲特和查理 • 芒格（Charlie Munger）能超过这些人。

托部门会为券商提供足够多的经纪业务。比如，银行信托部门会通过有存款的券商下单执行交易，产生相当于券商存款额 6% 的纽约证券交易所的交易佣金。这种“以物易物”的做法受到了银行和券商的关注，它们都会密切监测交易活动，紧盯交易佣金对存款余额的比率。这样一来，银行从券商那里吸收到了大量存款，获得了大笔收入。而功劳最大的是银行体系内的那个与券商做交易的信托部门，因为有了“以物易物”，投资管理部门有了两种收入来源：一种是投资管理费用，另一种是帮银行吸收的额外存款。但是尽管如此，投资管理在当时最多只是一个边缘业务，也绝不是一个有好前途的好职业。

在这之后，一场巨变正在发生，却是分几个阶段发生的。首先，虽然机构投资者在纽约证券交易所的成交量不断增长，但是经纪佣金却以每百股为单位固定收取，无论交易单子的金额有多大，只要股数不变，佣金就不变，不可议价。当时在纽约，只要拥有大型信托部门的银行通常都有自己的研究部门，它们帮助客户研究并投资蓝筹股，根本不使用券商的研究报告，也没有必要让券商使用自己的资本金做高风险的大宗交易。对券商而言，执行一笔 5000 股或者 20 万股的交易极其简单，并且利润丰厚，但是对银行而言，它们却在向券商支付高昂的佣金。这个现实让银行的信托部门感到非常懊恼。

有需求就有供应。一家名为威登公司（Weeden & Company）的“第三市场”公司前来“救援”。该公司将股票交易搬到了股票交易所场外执行，因此只收很低的佣金。摩根担保信托公司（Morgan Guaranty Trust）的信托和投资部门是该公司早期很重要的客户之一。当时，摩根担保信托公司是最大且出身名门的信托公司。在摩根担保信托公司眼中，威登公司的这种做法与当时那种“以物易物”交换股票经纪佣金和稳定活期存款的互惠安排没有本质的不同：对于这两种安排，投资客户都不知情。因此，摩根担保信托公司认为让其客户继续支付正常全额佣金没什么问题，并悄悄地把纽约证券交易所上市交易佣金与实际支付给威登公司的较低佣金之间的差额全部放进了自己的口袋（在这个过程中，银行后台工作人员或者在银行和券商的“笼子”中工作的员工为了把账目做好、做准确，一定很劳心费力）。一笔又一笔的差额积累多年竟然成了银行信托业务的一个重要甚至是不可或缺的组成部分。后来，可议价佣金制问世，摩根担保信托公司和威登公司的这个“特别安排”也就寿终正寝了。而摩根担保信托公司为了维持其信托业务的盈利水平，亟须一个替代收入来源。

1972 年，摩根担保信托公司发布了一条震惊投资界的声明：从新的一年开始，摩根担保信托公司将大幅上调机构客户的投资管理服务费，费率调整为 0.25%。市场反应虽然激烈却很一致：摩根担保信托公司已经犯了一个天大的错误！尽管摩根担保信托公司有良好的声誉和卓越的投资能力，但是大客户，尤其是养老基金永远不可能接受这样的加价。该公司一定会失去很多客户，尤其是那些大客户。一时间，其他公司的基金经理开始梦想着将摩根担保信托公司的现有客户变成自己的客户，期盼着天上将要掉下来的这个超大馅饼。

可结果却让所有人大失所望。摩根担保信托公司并没有失去大量的客户。其实，该公司只失去了一个中等规模的客户，而且就只有这一个。而这出人意料的安静场面就好像在福尔摩斯侦探故事中那条不叫的狗一样，向所有投资经理传递了一个极其明确的消息：投资者不在乎收费。格林威治联营公司进行了深入研究并证实了同样的消息：对于养老基金和捐赠基金的高管们来说，在 20 多条选择新的投资经理的标准以及在解聘旧的投资经理的诸多可能的原因中，最不重要的指标恰恰是低收费，且年年如此（非常讽刺的是，晨星公司的数据早已指出，低收费才是投资经理优异投资业绩的单一最佳预测指标）。

从此，投资管理界近半个世纪的持续加价过程正式开始了。客户普遍相信，只要选择了正确的基金经理，那么额外投资收益将轻轻松松地超过所收取的管理费用。即便在今时今日，即便有大量数据证明，个人和机构投资者依旧认为他们所选择的基金经理能够获得明显高于市场的回报。这种观念完全脱离了实际，这也许就是投资管理收费“看上去”很低的原因吧。

投资者不仅不要求低收费，而且竟然还视高收费为投资经理优秀的象征。投资管理界流行这样一句话：“你不会因为某位脑外科医生收费便宜而选择让他在你脑袋上动刀子吧？”意思是说如果某位基金高管因为低收费这种微不足道的原因而选择了某位投资经理，那他真是愚蠢至极。这个逻辑真令人拍案称奇。

20 世纪 60 年代，一群新的参与者加入了这场竞争，其中包括一些股票经纪公司。当时，这些公司已经成功地开展了投资研究，并向大型机构投资者提供优质的研究报告。很快，这些股票经纪公司便以投资经理的身份开始直接向养老基金和捐赠基金提供投资服务。由于它们是股票经纪公司，所以自然而然会通过自己来运作大多数股票交易订单，于是它们开出了非常吸引人的条件：只收取 0.5 个百分点的管理费用，或者先行收取 1 个百分点的名义费用，之后会从这 1 个百分点中扣除一半的交易佣金回扣（实际上是收取 0.5 个百分点的费用）。结果皆大欢喜：交易佣金回扣总是能超过名义投资管理费用，因此客户的实际投资成本为零。

净收费为零，任何一只养老基金都将得到一支由年轻有为的基金经理组成的团队的周到服务。团队中的每位成员每天都与顶级分析师一起工作和交流，这就使沟通和交流非常迅速、直接和到位。但归根到底，这支团队依旧隶属于一家股票经纪公司。该公司认为销售能力也是一大优势，而不是对投资管理专业高标准的低俗让步。正因为实际费用为零，这类遍布于美国各地的券商兼投资公司开始积极地、大规模地招揽生意。最终，在世界上最大、最活跃的投资管理服务机构市场中，0.5 个百分点成了收费标准。

20 世纪 60 年代和 70 年代，市场并不在乎投资管理的费用，这并非完全没有道理。专门从事机构投资管理的新兴公司积极进取又专注研究，投资业绩非常优异。投资业绩衡量公司，比如亚伯拉罕·贝克尔公司不断发布报告称这些新兴公司的投资业绩大大优于市场，也大大优于传统银行的投资经理。卓越的养老金投资回报能够有效地降低养老金偿付的需求，也常常能够明显增加养老金发起公司的收入。面对如此有利的形势，企业高管甚至将养老金投资视为企业新的利润增长点。在整个 20 世纪 60 年代和 70 年代，花 0.5 个百分点的投资管理费用来换取 3% ~ 5% 的投资回报显得很公道。

为了专门做投资生意，基金公司、银行和保险公司逐渐建立起了特别部门（通常是在控股公司旗下成立独立子公司），并把投资管理费用的价格定在了典型的 0.5 个百分点，这是这些公司以前连想都不敢想的高价位。虽然价格明显高于以往，但是养老金客户并没有因此感到困扰。在养老金投资者眼中，他们乐于支持他们的投资经理进行“现代化改造”，即从传统的投资服务提供商转变为专注于机构投资的投资经理。从 1972 年到 2000 年，我担任过很多投资经理的战略顾问，并且目睹了无数次投资经理向客户解释提价的过程，而我从未观察到有任何一位客户对加价有过一点点的负面反应。

讨论很多问题的时候，时代大背景真的非常重要。显然，主动型基金经理能够提价的一个主要原因是美国股市的持续上涨，年化回报率高达两位数，创下了历史纪录。投资者都在集中注意力捕捉更好的投资机会，创造更高的投资回报，有谁不愿意与那些有辉煌战绩的基金经理分一杯羹呢？尤其是当人人似乎都在这样做，都愿意支付高昂的投资管理费用的时候。对于为什么能够成功提价，行为经济学给出了另一个原因，即投资者对自己所聘用的基金经理的成功抱有很高的期望。如图 4-1 所示，基金公司的高管普遍都期望他们所聘用的基金经理会获得远远超出常态的业绩。但这不现实，因为机构几乎聘用了所有主要的基金经理。从整体上看，1000 多只养老基金和捐赠基金聘用了几乎所有的基金经理，而机构投资者就是市场本身，它们又期望其基金经理能够以惊人的 100 个基点（也就是 1%）的幅度来跑赢市场，可是鲜有任何基金经理能够持续跑赢市场 100 个基点。所以，从统计学角度来看，这种超高的期望值是不切实际的。但是，这有助于解释高昂的投资费用一直延续至今的原因。还有另一个原因，那就是对冲基金和私募股权基金的收费则要高得多。最后要指出的一点是，基金管理费用的收取是由基金经理顺手悄悄地从被管理的资产中抽走的，没有人通过签一张数十万美元的支票来支付基金管理费。正所谓“眼不见，心不烦”。

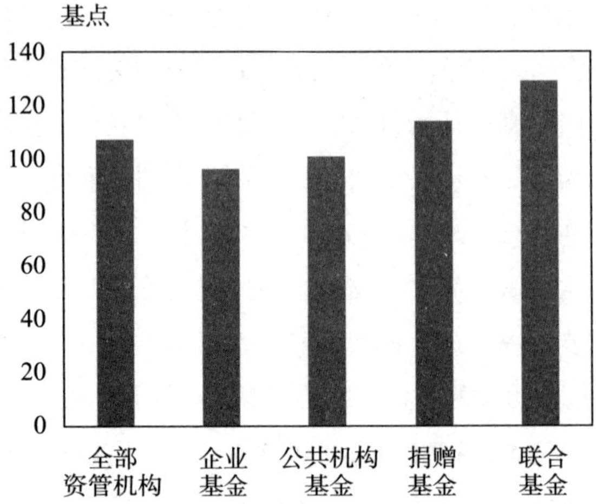

图 4-1　基金公司高管期望其基金经理（在扣除费用后）跑赢市场的幅度

数据来源：格林威治联营公司第 41 次年度机构投资者调查（2015 年）。

这种不寻常的定价现象一直持续着。当一类新型中介机构进入投资管理市场后，投资管理甚至开始加速提价。这类新型中介机构将自己定位为投资顾问，它们帮助企业养老金、公共机构养老基金和捐赠基金挑选投资经理，当然，它们收取的费用也是主动型投资管理成本的一部分。它们常常建议客户频繁地更换基金经理，因此更换基金经理所带来的附加成本也同样要计入主动型投资管理的成本。还有其他一些原因也在增加投资管理的成本。比如，很多养老基金并没有把自己的资产“打包”交给少数几位投资经理来管理，以充分利用浮动费率制（sliding fee schedule）来降低收费。相反，在这些投资顾问的建议下，养老基金的高管聘用了多位专业投资经理，每位投资经理只管理一部分资金。尽管这些高管希望这样做会对整只基金有益，但是这增加了基金经理的人数，产生了更高的费用。[①]

从 20 世纪 80 年代开始，对冲基金和私募股权公司进入了机构投资市场。这类公司代表着一种新型投资管理形式，却有着无法避免的高费用。1990 年出版的《门口的野蛮人》（*Barbarians at the Gate*）一书揭露了这些公司无情又强悍的真面目。于是，原本一度被称为杠杆收购公司的它们开始更换名字，以求改变公司的形象。

共同基金的收费曾经非常低廉，现在它的费用也在上涨。美国第一只开放式共同基金是马萨诸塞投资信托基金（Massachusetts Investors Trust），它成立于 1924 年。成立之初，

① 一部分养老基金曾试图影响其所聘用的基金经理的收费模式，从固定费率转向业绩费率。在这个过程中，一小部分基金经理同意改变他们的收费模式。但是，更多的基金经理却成功地抵制了这种转变。此外，美国证券交易委员会要求，基金若收取业绩费用，那么业绩费用必须对称（若达到投资目标，基金经理就可以收取费用；若没有达到投资目标，基金经理就需要返还投资者同等“对称”的基金费用）。渐渐地，养老基金高管也开始不愿意支付基金管理费了。当他们发现自己已经选到了优秀的基金经理后，他们就不愿意支付管理费了。而且他们也意识到了另一点：如果他们所聘用的基金经理的业绩不好，不支付全额费用对他们来说将是一种安慰。美国先锋集团在管理各种基金的时候，从外部聘用了多位基金经理。集团与其中几位基金经理达成了业绩费率协议，并且获得了很好的效果。另外，美国富达集团（Fidelity）在费率方面可能也是独树一帜的，它的多只共同基金都按照业绩收费。这种做法与该集团的企业文化相辅相成，体现了该集团对业绩投资理念的担当。但这些例子都是例外。

其费用为投资收益的 6%，约等于当时银行作为信托受托人所收取的费率。1949 年，该基金的费率下调至投资收益的 3.3%。如果用基金资产的百分比来计算，约为 0.19%。

共同基金费用的陡升至少还与一个比较难理解的法院判决有关。1958 年，第九巡回上诉法院（Ninth Circuit Court of Appeals）针对一家管理着几只小型共同基金的公司能否出售公司、这样做是否合法的案件做出了判决。案件的关键在于，管理共同基金的公司具有授信承诺，应当“以基金持有人的利益为重”，在这样一个前提下，该公司是否可以把自己卖给别人呢？当时，美国证券交易委员会极力反对这笔交易，称如果这笔交易被允许的话，那么各种基金管理合同的买卖活动将变得一发不可收拾。但最终美国最高法院还是拒绝再次审理第九巡回上诉法院的判决。结果就是，到了 20 世纪 70 年代初，基金管理公司一家接着一家地要么被出售，要么上市了。因为对于基金管理公司的管理层来说，通过提高基金收费来增加利润的压力非常大，尤其是那些股权分散的基金管理公司。

让我们来看看马萨诸塞投资信托基金的费率变动。1968 年，它的费率仍只为基金资产的 0.19%。1976 年，它注册成立了投资管理公司并上市，收费翻了一番，达到 0.39%。1994 年，收费再次翻倍，达到 0.75%。在这个水平上，1998 年，收费又增长了近 1/3，达到 0.97%。2003 年，收费又增长了 1/5，达到 1.20%，若以基金投资收益作为分母，费率竟然达到了 80.4%。

在这段期间，基金的资产规模只增涨了七倍，而基金收取费用却增长了惊人的 36 倍。事实证明，这类提价在基金行业中并不罕见。①

1980 年，美国证券交易委员会批准共同基金经理开始收取一项全新的费用。授权规则被称为 12（b）-1，于是这项收费也被称为 12（b）-1 收费。使用这项收费的基金每年会向投资者收取一项特别的基金营销费用，通常约为基金资产的 0.2% ~ 0.3%。这项收费的逻辑是：它是对共同基金业销售经纪人的一种物质激励，让他们间接地鼓励投资者更耐心地投资并长期持有同一只基金。如果这个逻辑行得通的话，那么在理论上，投资经理就不必担心太频繁的基金赎回，从而不需要持有大量的现金头寸以备不测。因此，有了这项收费后，基金经理

① 例如，一家大型共同基金公司的销售代表正在兴高采烈地向潜在客户推销他们的投资顾问服务。他说："你需要承担的费用只有 1%。"但是客户仔细看了看材料，却发现实际费用超过 2%，于是质问销售代表，但销售代表却高高兴兴地回应道："哦，这是包含在我们的投资顾问服务中的那几只共同基金造成的，它们自己在收费。"

基金经理在以下几个问题上持有不同的看法，而这些问题与信息披露以及是否将特定收益与客户分享有关：通过股票出借而获得额外收益、国际投资组合中的外汇买卖收费情况、为了促进基金销售而协议支付佣金给特定券商的操作细节等。美国证券交易委员会对 28（e）条款的解释非常宽泛，允许基金经理通过协议支付经纪佣金给特定券商，来换取券商的投资研究报告和彭博终端。

就应当能够将他们的注意力集于长期的、可能更好的投资。①

投资管理界的语言使用很微妙，这种微妙从美国投资公司协会（the Investment Company Institute）网站上的一句话中可见一斑，中括号里是我的解读："12（b）-1 费用使投资者有机会【被强制】能够为从金融专业人士处【以觉察不到的方式】得到【无论你想要还是不想要】的部分或者全部服务而间接支付费用。"

指数投资革命拉开了下一轮基于投资产品的收费变革的帷幕。此时此刻，指数基金提供商之间已经展开了经典的价格大战，而且大型基金很快就已经将收费降至低于 10 个基点（即资产的 0.10%）。但是需要注意的是，并不是所有的指数基金都在降价。令人不解的是，虽然每个大盘股指数之间的区别极小，但在零售市场上，一些指数基金经理仍然在收取高达"只有 1%"的费用，有的甚至更高。

---

① 12（b）-1 费用特别有魅力的一点是，这项费用所带来的收入是永续的，并且是可以被传承给伴侣的。这项费用的收入甚至可以被传给儿女——他们只要与父母工作几年，然后就可以完全接管这笔收入或者与父母分享这笔收入。对于一个家庭而言，这项费用可以变成家庭的巨额收入。如果基金销售人员能力强的话，每年靠 12（b）-1 费用而赚到 20 万美元甚至 40 万美元并不是完全没有可能。因为这是年年都会有的"年金（annuity）"，这笔钱极其诱人。

与基金销售经纪人共享收入、通过物质激励经纪人以促销基金，这种做法对于高收费基金来说比较容易实现，因为高收费基金已经从投资者那里收取了很多的费用。

在报告基金收费方面，投资管理公司的一些做法具有欺骗性，令人不安。共同基金通常将基金管理费用与 12（b）-1 费用分开报告，因此只有懂行的投资者才会意识到这两项费用其实都是投资总成本的一部分。当美国投资公司协会报告共同基金费用的长期趋势时，给出了一张显示费用明显下降的图表，却没有说明主动型基金的费用结构总体上并没有发生变化。随着基金总资产规模的扩大，增量费用会逐渐降低。所以，尽管摊平之后，基金的平均收费确实略有下降，但实际上，基金的绝对费率在那些年中还是略有上涨的。另外，那张图表将主动型和指数型基金的收费混为一谈。因此，整体费用似乎在随着时间的推移而下降的主要原因是低成本指数基金的从无到有。现在，指数基金明显已经占据了很大的市场份额，而且份额仍在增加。

不断上涨的基金收费和越来越黯淡的“跑赢市场”的投资前景应当已经为投资者竖起了警告标志。面对这样的现实，那些仍然相信投资管理费很低的投资者确实应当重新考虑一下自己的观点了。[①] 从正确的角度来看，主动型投资的收费一点都不低。基金收费很高，而且非常高，除了指数基金以外。

---

① 美国劳工部在 2012 年 2 月宣布，将要求美国养老金 401（k）的发起公司披露关于养老基金收费的更多细节。购买这些养老基金的普通民众也可以参与到这个过程中来。

The Index Revolution

Why Investors
Should Join It Now

第 5 章 指数投资让你更专注于你最重要的投资决策

参加完耶鲁大学的毕业典礼后，我开车带着爸爸妈妈，一起回位于波士顿北岸马布尔黑德小镇的家。一路上，我都控制着车速，也很仔细地与前车保持着足够的安全距离。就这样，我们静静地沿着麻省收费高速路驱车前行。忽然，爸爸说了一席话，让我感到有些意外。他说："我有种感觉，在每年的这个时候，月亮好像应当在我们左边。"为什么爸爸会突然想到出现月相？于是，我提醒爸爸，朔望月只有 28 天，而且地球的旋转轴会随季节发生变化，所以在一年中，月亮将出现在天空中的不同位置。

爸爸似乎很满意我的解释，车内又陷入了一片安静。一路上交通顺畅，我开车的速度正好，我们也有足够的汽油，车里也没有人肚子饿或者需要停车休息。开着开着，忽然之间，我看到一个巨大的路标，绿底白字写着："奥尔巴尼，60 英里。"我这才意识到，我稳稳地开车却浪费了整整一个小时：车开错了方向！

与我的这段经历类似，在投资领域，很多投资者也遇到过类似的情况：短期操作的决策确实令人着迷，但常常会分散我们的注意力，让我们忘记去制定最核心的长期投资原则。长期投资原则会对投资结果产生最重要的影响，它才应当是每位投资者最应当关注的。主动型投资带来的不仅是更低的投资回报，而且由于它本身就非常复杂，会直接分散我们的注意力，让我们没有精力去制定重大的长期投资原则。因此，所有投资者都应当把时间、精力和思想集中于制定长期投资原则。

指数投资能帮助投资者成功投资，因为指数投资简化了一切。投资者既不需要监控或者担心某只股票不停变化的价格并为此不停地做出反应，也不需要时时刻刻关注公司、行业、经济或者所有上述因素交织在一起后形成的错综复杂的短期变化。指数投资帮你回避所有这些令人困惑不安的细节，从此你再也不必担心这些烦心事了，比如主动型基金经理丧失了他的投资激情或者"优势"、基金投错了行业、基金因规模变得太大而失去了市场机动性或者"大到无法获得成功了"、你的基金管理公司被出售给一家保险公司巨头或者陷入其他任何麻烦，等等。

这些让人揪心的事情随时随地都在发生。这就是本应是非常稳定的排名前 10 或者前 20 名的投资机构（根据机构客户的数量进行排名的）变动得如此频繁的原因。在 1972 年排名位于前 10 的投资机构，到 1999 年时，只有摩根大通一家公司还排在前 10 名之内，而普信资产（T. Rowe Price）则是唯一一家跌出排行榜（2015 年）后又成功重返第一名的公司。[①]

每位投资者都独一无二，所以指数投资很重要。指数投资能使我们所有人都专注于更重要的事情，即我们的核心价值和个人的长线投资目标。愿意接受这项挑战和这个机会的投资者将把他的注意力从主动型投资没日没夜的精细操作上转移至投资咨询的专业服务上来，从不停地“在这里损失一点、在那里损失一点”，转向长期获利。

尽管主动型投资很有趣、很令人兴奋，但是我们都应当牢记，投资不是一种休闲娱乐游戏，而是一件严肃的事情。很幸运的是，投资领域中有一种严肃的“游戏”，一种我们人人都可以赢的游戏。在这个游戏中，胜利不是靠打败别人（比如拳击），而是靠掌控自己（比如高尔夫球）。

每个人都想投资成功。数百万计的投资者依靠投资成功来确保他们在退休后的经济状况，来为他们的子女提供教育资金，

① 在英国，30 年前排名前 20 的投资经理中只有两位还在继续领跑。

或者享受更好的生活。很多学校、医院、博物馆和大学也在依靠其捐赠基金的投资成功来完成它们的重要使命。专业投资人士的崇高天职就是去帮助投资者制定切实的长期目标，并帮助他们实现这个目标。然而，越来越多的证据表明，投资者面临的形势很严峻，大部分投资者并没有获得令自己满意的投资回报。问题的一部分归咎于投资者自己犯的错。但是，专业投资人士也需要认识到，很多错误并不是客户犯的，犯错误的是他们自己。这恰恰是系统性错误的后果。让我来稍作解释。

尽管投资管理领域极其复杂，但说到底只是由两部分组成的：一部分是“专业”，即以客户为中心，为客户服务；一部分是“生意”，即以投资经理自己为中心，为自己服务。与法律、医疗、建筑设计和管理咨询等其他专业领域一样，专业背后的价值观与生意背后的经济效益这两者之间常常发生冲突，从不停歇。投资经理若想要获得真正的成功，就必须以其专业精神赢得客户的信任，并且把自己的生意做好。从长远来看，生意的成功总是依赖于专业的成功。

投资这项专业工作与其他所有需要大量知识储备的工作一样，都需要面对很多困难，需要高超技巧，所以投资每天都在变得越来越难。可说到底，投资这份工作也只由两个部分组成：一部分是越来越难完成的任务，即如何将投资研究能力与投资组合管理结合起来，以便在充斥着越来越多的主导市场行为并设定证券价格的专业投资者的市场中，超越其他的专业投资者，最终获得卓越的投资业绩。由于市场早已完成了从曾经的业余市场向当今的专业市场的长期转型，这项变得越来越不可能被完成。最终，大多数投资者都不能跑赢市场，而被市场跑赢。

事情的难度与事情的重要性并不总是成比例的。医疗领域就有一个很好的例子：认真清洁双手是仅次于使用抗生素的最有效的拯救生命的方法。幸运的是，在投资这份工作中，第二部分工作相对更简单，却也更具价值，即投资咨询。有经验的专业人士可以帮助其客户制订一份最有可能实现他们自己的长期投资目标的投资计划。这份计划不会超出客户自己对各类风险的承受能力，比如收入的变化、资产的市场价值的变化和流动性的限制等。专业人士还可以帮助客户坚定地执行这份理智的投资计划，尤其是当市场充斥着令人兴奋的“这次真的不一样”的机会或者危险的时候。要把这第二部分的工作做好，既不简单也不容易，但是比起主动型投资则要容易得多。在主动型投资变得越来越艰难的时代，投资咨询却因那些新发明的投资工具正在变得越来越容易。

主动型投资经理可能有意无意地犯下了三个错误。前两个错误是他们“有为”而犯的错，而且错误的后果很严重。第三个错误是他们“无为”而犯的错误，比前两个错误更严重。投资管理是一份需要灵巧心智的职业，它为投身其中的很多从业者带来了不菲的收入。除非从业者改变他们现在的做事方式，否则这三个错误会对投资管理这份职业造成伤害。主动型投资经理把整个职业生涯都献给了主动型投资，却犯下了这些错，这令人唏嘘不已。

第一个“有为”的错误是，专业投资人士错误地将他们对客户和潜在客户的使命定义为“跑赢市场”。在当今竞争愈发激烈的投资管理市场中，大多数投资经理都无法跑赢大市。正如我们在第 3 章中所看到的那样，过往跑赢市场的投资经理在随后几年跑输的概率非常高，因此选择能在未来跑赢市场的基金经理会无比困难。这个错误导致了一个可怕的现实，即主动型经理依旧在兜售他们那些不能兑现的承诺，即持续跑赢市场的投资业绩。对大部分主动型投资经理来说，这些承诺在过去不曾兑现，在现在和将来都无法兑现。可悲的是，大多数投资经理在描述其业绩时甚至都没有提及投资中最重要的一个考量因素，那就是投资风险。而且在投资业绩数据中，税费成本也常常没有从回报数据中扣除。这一点很重要，因为在当下，投资组合换手率年均 60% ~ 80% 是常态，而短线收益需要缴纳的税率极高。[①] 还有一个现象也令人不安。无论是个人投资者还是机构投资者，如果其聘用的投资经理连续几年投资业绩不佳，那么他们就会对那些投资经理冷眼相待，并开始转投其他最近表现出色的投资经理。令人悲哀的是，投资者一次又一次地在基

① 机构基金经理常常用有欺骗性的手法向客户和潜在客户展示其投资业绩：他们通常只展示扣除费用前的毛业绩，而非扣除费用后的净业绩。多年来，CFA 协会一直在倡导发起一项改革以解决这个问题。

金取得最佳业绩之后买入，并在最糟糕的业绩都已经过去后卖出。因此，投资者把自己置于一次又一次的“高买低卖”的巡回里。除了把自己心情变糟，实际上他们等于损失了原本应当属于自己的长期收益的大约 1/3（很多自己单独进行主动型投资的个人投资者的情况更糟糕）。不幸的是，这种后果严重的做法恰恰是基金广告宣传带来的结果。在广告中，基金经理卖力宣传他们精心挑选的个别基金以及这些基金在特定时间内的优异表现，比如他们是如何比其他基金看上去更棒，所获得的收益如何比基准业绩看上去更好。由于大多数基金管理家族中都有多只不同的基金，他们总是能在这些基金中找到至少几位“证据确凿的真正赢家”。

尽管在 401（k）养老金投资公司的投资委员会中，超过 80% 的委员认为自己的投资技能“高于平均水平”，但是事与愿违。平均来说，那些被他们炒了鱿鱼的基金经理在接下来几年中的业绩竟然比他们新聘请的基金经理的业绩略高一些。[①] 并且，这种转换基金经理的行为本身就代价不菲。对于个人投资者来

① 由于过往业绩本身就是那些被雇用（而没有被炒鱿鱼）的投资经理的，所以这些业绩一定会对那些被雇用的经理有利，而不会公平地反映出被解雇的投资经理的投资业绩。有人想问，投资顾问的真实动机到底是什么？投资顾问专注于做一件事情：通过投资委员会的会议来审核聘用的投资经理的业绩并决定是否转投“更好”的投资经理。投资顾问真正感兴趣的是为客户提供的（经风险调整的）长期回报，还是只是说服客户继续支付服务费？行为经济学家指出，80% 的人认为自己在幽默感、运动能力、沟通技巧、理解他人的能力、育儿和舞蹈等很多方面的能力“优于平均水平”。

说，在选择新的基金经理时，他们通常会根据基金近期的业绩做出选择。可是，对共同基金的研究表明，如果以过往业绩为标准将所有基金分为十档，那么其中九档的未来业绩几乎就是随机的，只有一档的过往业绩具有预测未来的能力，这一档就是业绩最差的那一档，也就是垫底的 10%。这一档基金通常收费高昂，而其基金经理投资能力低。显然，高收费与长期低能这两者的结合会对基金经理的投资结果产生稳定和重复的影响。

第二个“有为”的错误是投资经理默许投资这种赚钱的生意渐渐主导了他们的专业价值观。与 50 年前相比，现在投资经理住着更漂亮的房子、开着更豪华的汽车、享受着更悠闲的假期，而且还用更叹为观止的绘画和雕塑装饰着他们的豪宅和办公室。私人飞机和“请以我的名字命名”的慈善捐赠早已见怪不怪了。时至今日，那些被吸引到投资管理业的有才华、有竞争力的人，很可能已经在潜意识中进行着一场攀比物质成功的竞赛。他们不再认真地审视自己所付出的努力以及努力的真正价值。试想一下过去 50 年中主动型投资管理增加盈利的主要方式：

- 资产总规模翻了六番，只有过短暂的停滞；
- 收费占资产的百分比增长了四倍以上。

资产的增加和费率上升带来的效果是非常大的。投资公司的营运成本相对稳定，所以利润急剧增长。随着利润倍增，不仅个人薪酬一飞冲天，而且投资公司的公司价值也今非昔比。投资管理公司已成为银行、保险公司和证券交易商等金融服务机构巨头的主要收购对象。而且，这些买家开出的价码也越来越高，除非你认为用 10 亿美元的价格买一家由第一代创始人经营的服务类公司不算贵的话。如果投资管理公司想要保持独立，那么其中一部分公司会上市，而另一部分公司则保持私有状态。但无论如何，它们都早已清楚地意识到自己是利润丰厚的企业，因此经营时也会小心谨慎。

随着投资管理机构的规模变得越来越庞大，在高管层的职位方面，业务经理越来越多地取代了投资专业人士。这些业务经理常常有很强的职场抱负和商业纪律，他们总是把利润增长作为重点。而实现利润增长的最佳方法就是销售基金，以聚集更多资产、收取更多的管理费，即使专业投资人士都知道，资产规模的扩张通常对投资业绩不利。在大型金融服务集团，高管通常会以利润而不是投资来考核各部门的业绩。组织规模越大，高管层关注的重点和追求的目标就越有可能是业务利润而不是投资管理能力。

震荡上行是股市的大趋势。过去，股市增长率极快，一度是整体经济增长率的两倍以上。因此，基金资产水涨船高。另外，还有多个积极因素推动着投资管理生意蓬勃发展，比如向现有客户销售更多的基金、利用成熟产品打入全新市场以及开发新产品卖给现有客户。在那段时间，资产管理公司的年复合增长率轻松超过了 10%。资产管理在本质上就是轻资产的服务型生意，几乎不需要启动风险资本，如果能够年年以 10% 速度增长，那就可以在享受高利润率的同时进行大幅扩张。正如美国影视红星梅・韦斯特（Mae West）所说："这简直完美极了！"在这样的诱惑下，热血沸腾的商人们会做什么？在认识到增量资产能够带来高利润后，难道他们不会奋力聚集资产、开始售卖任何能卖的基金并拓展业务吗？

在世界各地的投资公司中，两个最重要的内部变革并不是投资研究方法的改进和投资组合管理能力的提升。恰恰相反，它们一直在专心做另外两件事：加紧拓展新业务（以便在投资业绩良好时获得更多业务）和维持客户关系（当投资业绩不佳时可以留住老客户）。这反映了一个冷冰冰的现实：投资公司把专业当成了一笔生意。这样做并没有反映投资专业精神的要求，更没有反映作为投资者的客户的需求。当投资公司被做生意的心态所主导时，那么它就无法与业绩"融洽相处"。做生意的心态会促使投资机构去聚集资产，而这往往会给投资机构自己原本专业的投资能力增加过重的负担。此外，旨在增加利润的行为，比如成本控制、加价和提高运营效率，只会让业绩更易受损。

第三个错误是投资经理"无为"导致的错误，因此特别令人担忧。有别于上述两个"有为"的错误（一是让跑赢市场的业绩作为对这个职业的最佳衡量标准，二是注重生意成功而不注重服务客户的成功)，第三个错误将妨碍投资咨询的有效实施。[①]

规模最大的投资机构能够独立完成投资的整个过程(它们拥有专业人员，而不需要外部专家的帮助)，而大多数投资者，尤其是个人投资者，也包括中小型公共机构养老基金、企业养老基金、学院、大学、博物馆和医院的捐赠基金的投资委员会，它们并不是投资专家，都希望可以利用业界最佳的专业思维和判断力，帮助它们制订一个适合自己的最佳长期投资计划。

专业的投资咨询能够让大多数投资者受益。投资者将能够理智客观地了解自己，比如他们的投资知识和技能，他们对资产风险、收入风险和流动性风险的容忍度，他们的财务经验和未来需求，他们的财务来资源，以及他们短期和长期的财务愿景和责任。每位投资者都应当知道，他们亟须解决的问题不是跑赢市场，而是了解自己。每位投资者都是独一无二的，所以他们特别需要了解那些令他们变得独特的因素，在此基础上制订对自己最有利的投资计划，并且坚持执行计划。

---

① 投资经理不再从事投资咨询服务的一个可能的解释是：因为养老基金聘用了数量更多和投资职责更专一的投资经理，所以养老基金的高管想将投资和投资咨询这两个职能分开。于是，独立第三方的投资顾问(investment consultant)就相继入场，帮养老基金监控投资经理的表现。这就好像外部审计师监督企业的财务报告一样。但是，实际上，如果将投资与投资咨询这两个职能集合在一起，那将会对整个行业的发展更有益。

另一方面，每位投资者却都是一样的：他们都有多种选择，他们的选择都很重要，他们都想做得很好，又都想避免损失。与此同时，投资者在资产、收入、必要以及想要的开销、投资的时间范围、投资技能、对风险和不确定性的容忍度、市场经验以及财务责任和财务义务等方面都存在着差异。由于这些差异，每位投资者又变得独一无二。因此，大多数投资者应当寻求专业的投资咨询，制订出与其特定资源和特定目标相匹配的投资计划。在投资者能购买的所有专业服务中，投资咨询一直都是最有价值的那一项。这就是投资咨询很重要的原因。

每位投资者只要准备充分，都可以拥有一个合理的投资计划。只要长期坚持这个计划，投资成功的可能性就非常大。这个计划能够帮助投资者避免无法承受的风险，并成功实现预定的符合实际的长期投资目标。这是一场“赢家的游戏”。积小胜为大胜。在人的一生中，这样的胜利意义重大。

简约就是力量。指数投资的简约让所有像白蚁一样正在吃掉我们应有的投资回报的“小”东西灰飞烟灭，比如高昂的费用、交易成本、更换基金经理的成本、税款以及选择基金经理的失误等。不断有研究显示，大多数投资者在试图跑赢市场时所采取的行动往往弊大于利。

指数投资不仅帮助投资者避免了在参与当今专业市场的过程中将会遇到的几乎所有问题，而且还使投资者成为我们这个卓越的经济体系的一部分，并收获了由此产生的几乎所有的好处。此外，指数投资使我们每个人能够将时间和注意力集中在真正重要的问题上，比如我们的核心价值观是什么？我们现在和未来的资源是什么？我们切实可行的目标有哪些？比起成为专业的交易员、分析师或者投资组合经理，回答这些问题对于投资者的长期成功更重要。

无论你是个人投资者还是机构投资者，如果你尚未准备好进行指数投资，你的明智之举就是看一看你的过往投资记录，认真核算一下主动型投资到底是增加还是减少了你的投资回报。大多数看了自己投资记录的人都会意识到，指数投资会让他们做得更好。

●●●

某个夏天，我去德国慕尼黑探望我儿子和儿媳。当得知他们的一位朋友将参加马拉松比赛后，我们决定沿途为他们的朋友喝彩。这位朋友已经参加过好几回马拉松比赛了。我们知道她将在上午 11：00 左右跑过某个教堂，所以准时到了教堂。她跑过来了。我们努力地为她喝彩，而她挥了挥手，很快就不见了。

后来，我们去了一家主营德国香肠的餐厅吃午饭，然后搭有轨电车前往慕尼黑的奥林匹克公园。当我们从有轨电车车站走向体育场和马拉松的终点线时，我们遇到了三位神情愉悦的肯尼亚选手，显然，他们已经完成了比赛并开始准备回家（我想他们也许就是第一、第二和第三名吧）。而我们的朋友还需要将近一个小时才能跑完。

在马拉松终点，比赛的主办方设计了一个很吸引人的冲线方式。选手将通过一个充满了无害气云的通道进入奥林匹克体育场。当每一位选手进入体育场时，那一瞬间的景象仿佛他们置身于阳光中一般绚丽。选手只需在体育场内跑完最后一圈便可以完成比赛。选手们都非常喜欢这个精心的安排。

我们和几百位粉丝一起坐在体育场内，大家都很享受地看着一批又一批的选手由通道进入体育场，跑完最后一圈后冲线。这些选手有着不同的年龄、衣着和跑步风格，但在某一点上他们都是一样的：一位又一位选手在进入体育场、看到人群、听到零散但友好的掌声时，他们都会把双手高高举过头顶，摆出传统的V形胜利手势，然后保持着那个姿势，咧着嘴、露着胜利的笑容跑完最后一圈。

起初，这看上去似乎有点奇怪。难道他们不知道那几位肯尼亚选手早就赢了这场比赛了吗？我们的朋友因为途中发生了肌肉痉挛，不得不放慢脚步，于是我们在那里等了差不多两个小时。时间一分一秒地过去，场面看上去貌似越来越离奇：虽然冲线的时间越来越晚，但是每位选手的表现都如出一辙，好像自己才是冠军、是英雄、是赢家。忽然之间，我明白了些什么。其实，他们都是赢家，因为每位选手都已经实现了自己的目标。

有些选手用了不到三个小时就跑完了全程；有些选手则刚好用了三个小时；有些选手“仅仅”用了三个半小时。有些选手超越了自己之前的个人最佳纪录；有些只是为了完成整个马拉松比赛而已；有些是第一次跑马拉松；有些则是在跑他们此生的最后一场马拉松。每位运动员都已经实现了自己的目标，所以他们都是真正的赢家。他们都有资格做出 V 形手势，享受跑向胜利的最后一圈。

作为投资者，如果我们能以同样的方式去思考和行动，去了解我们的能力和局限，那么我们就可以选择参加适合自己的比赛，并以长跑选手一般的自律来跑完比赛，最终实现自己的目标。在投资中，有一条明确无误的好消息，那就是每个人都可以赢，每个人都可以成为赢家。而赢得这场属于赢家的投资比赛的秘诀很简单：为你的比赛制订计划，并按照计划行事，以获得属于你的胜利。

在大约 50 年前上过一堂投资课。当时，作为一个初出茅庐的 MBA 学生，我在华尔街参加一个培训项目。作为培训的一部分，每个星期四，我们都会在午餐前一小时与公司各个部门的负责人会面，听他们介绍自己的工作。这些部门包括辛迪加[①]、交易、研究、投资管理和市政债券等。

有一天，我们很高兴地得知一位高级合伙人已经同意会在星期四来与我们探讨行业中的一些宏观问题。那位合伙人名叫约瑟夫·克林根斯坦（Joseph K. Klingenstein）。要是他在场或有可能在场的话，我们总是尊称他为克林根斯坦先生。他戴着夹鼻眼镜，看上去高贵、严肃。

我们静静地但恐怕也不是很认真地听克林根斯坦先生谈论着他的公司以及华尔街的历史和传统。离 12：00 还有 10 分钟时，克林根斯坦先生结束了讲话，然后问道："在座的年轻的先生们，你们有什么问题吗？"

一片沉默。

很快，沉默被我们小组里最聪明、说话也最直率的人打破了。"我有一个问题，克林根斯坦先生。您很富有，在座的我们也想变得很富有。那么，根据您的经验，您能告诉我们怎样才能变得像你一样富有，克林根斯坦先生？"

我们听完他的提问都感到面红耳赤，他竟以这样一种方式与这样一位非常伟大的人说话！

① 辛迪加部门的主要职责是与其他银行组成银团，共同参与交易。该部门不仅让银行得以参与大型交易，而且还帮助银行分散了投资风险。——译者注

约瑟夫·克林根斯坦起初看上去有点生气，但过了一会儿，我们所有人都松了一口气。很明显，那片刻的沉静是因为他在仔细地回忆他的很多投资经验，思考那个问题。最后，他直视着那个提问的人，非常简单且清晰地说出了三个字："不要输。"

在约瑟夫·克林根斯坦离开房间后，我们所有人都去吃午饭了。在饭桌上，大家一致认为："如果你问了一个愚蠢的问题，你就会得到一个愚蠢的答案。"

虽然过去了很多年，克林根斯坦先生的答案却一遍又一遍地回荡在我的脑海中。现在，我终于彻底明白，这不是一个愚蠢的答案。通过这简单的三个字，克林根斯坦先生就把成功投资的秘诀传授给了我们。尽管市面上所有的唠叨话和兴奋点都是关于热门股票、巨额投资回报和价格涨了三倍的股票，但是真正成功的长线投资靠的却是"不要输"，也就是不要出现重大又不必要的亏损。

一旦大亏，很难再翻身，这样的事例在生活中不胜枚举，无论在年轻人开车时，还是在婚姻忠诚度的问题上。正所谓"一失足成千古恨"。投资市场上的重大亏损多半都是由买某只特别的股票、在市场下跌后卖出或者追买某只"大热"的基金等行为造成的。投资者试图得到太多，而承担了太大的风险。如果你通过构建强大的防御方法来避免重大亏损，那么赢的那一天自然就会到来。指数基金凭借其多元化分散投资的特质，有助于保护我们免于因诱惑而反应过度，并帮助我们坚持自己的长期投资策略。

●●●

在详细解释了为什么要进行指数投资的四个主要理由后，我会给出另外一些理由。

The Index Revolution

Why Investors Should Join It Now

第6章 指数投资能帮你减税[①]

指数投资在很大程度上能够帮助个人投资者规避那些主动型投资必须缴纳的税。这些应缴税主要来自频繁的交易，即使投资者长期持有他所买入的基金，这些基金的基金经理也依旧在买卖股票。对于典型的主动型基金经理来说，他们管理的投资组合的换手率通常为60% ~ 80%，有的换手率甚至会超过100%。当然不是每笔交易都能成功，但是由于股票市场的大趋势是长期向上的，基金经理的交易中更多的是“获利卖单”，这就产生了必须课税收益：一部分是“长期收益”，以资本利得税率课税；另一部分是“短期收益”，将以投资者适用的个人所

① 本章内容以美国税法为背景，未必完全适用于中国投资者。——译者注

得税最高累进税率课税。与指数投资的税负相比，那些投资了主动型基金的投资者平均每年要额外支付相当于其基金总资产 0.3% 的税。我们在第 4 章中提到，股票市场的平均年回报率为 7%，这看起来微不足道的 0.3% 的税率相当于股票市场平均年回报率的 4%（0.3% ÷ 7% ≈ 4%）。如果从主动型基金的净增回报（也就是主动型基金的回报减去这 7%）的角度看，这 0.3% 的税占净增回报的百分比要比 4% 大得多，更何况大部分主动型基金的业绩根本达不到 7%。

指数基金与主动型基金在投资组合换手率方面有着天壤之别，它只需要根据指数组成中的一些微小变化来调整自己的投资组合。与主动型基金相比，一只典型的指数基金的平均年化换手率只有 5% ~ 10%，这意味着指数基金的平均持股时间为 10 ~ 20 年，而主动型基金则为 12 ~ 18 个月。指数的组成很少发生变动，因此指数基金几乎没有短期收益，全部的收益几乎都是资本收益，也就是以优惠税率课税的“长期收益”。而且，由于大多数指数基金的基金规模都在持续增长，这就造成了指数基金在税收方面另一个不为常人所知的优势：如果投资者要赎回变现他的指数基金，他所卖掉的基金单位会被指数基金“从基金内部消化掉”。这是因为指数基金本身一直在扩张，完全没有必要到股票市场上卖出这个基金单位所代表的股票，也就不会产生股票交易收益以及由此产生的应缴税。这就又一次减轻了基金投资者的税收成本。

第 6 章
指数投资能帮你减税

就像基金费用和运营成本一样，主动型基金的税收成本问题很少被人主动提及。其实，与指数基金相比较，主动型基金的税收成本要高很多。从长远看，税收成本聚沙成塔：每一年，税费都在消耗投资者 4% 的投资回报；只需 25 年，投资者就会损失一整年的投资回报。

第 7 章
指数投资能帮你降低运营成本

虽然很少有投资者知悉或者讨论投资组合的运营成本，尤其是交易成本，但是这些隐形成本却是真实存在的，并时时刻刻在蚕食着投资者的投资回报率。运营成本指的是在执行投资决策时产生的所有成本。当某一位主动型投资经理和其他主动型投资经理出于类似的原因而同时买入同一只股票的时候，运营成本会变得更高。同理，当多位主动型基金经理出于类似的原因而同时卖出同一只股票时，交易成本也会变高。

主动型投资会产生明显的运营成本，而运营成本又会明显地降低投资回报。据估算，由于所蕴含的各类交易成本，主动型投资收益每年缩水达资产的 2%。在一个普遍预期投资回报率为 7% 的市场和经济环境中，这 2% 的运营成本几乎等同于预期回报率的 30%（2% ÷ 7% ≈ 30%）。然而，主动型基金频繁地交易也许什么都没有赚到。英国备受尊敬的养老基金专家保罗·迈纳斯（Paul Myners）①提出了令很多主动型投资者汗颜的惯性指数（inertia index）。该指数说明，在大多数年份中，如果主动型基金经理什么都没做的话，将会有一半的基金经理获得更好的业绩。

① 迈纳斯勋爵（Lord Myners）曾领导主动型投资机构 Gartmore 集团迎来了最辉煌的时代，而且还撰写了广受赞誉的《迈纳斯报告》（*Myners Report*）。

The Index Revolution

Why Investors

Should Join It Now

第 8 章
指数投资提高了我们与投资风险共存的能力

只要你在投资，你就承担着投资风险。所以，所有投资者都必须学习如何与投资风险共存。我们的目标是彻底了解投资风险，并且培养我们与各类风险（比如个股或者个别行业的特定风险）的共存能力，不会因为这些风险而战战兢兢。风险管理的最好方法就是分散投资。我们持有的股票越多，我们就越不会因为某个板块的股票或者个股的差劲表现、或者可能出现的投资机会而蒙受损失、或者过度担心和烦躁不安。指数基金持有不同板块的不同股票，所以它能够帮助我们更轻松地与风险共存，进而让我们有时间和精力专注于执行我们的长期投资计划。

在谈论投资风险时，大多数投资者只想到了股票价格的意外下跌。而事实上，对于大多数个人投资者来说，最大的风险不是来自股价下跌，而是来自股价上涨。因为一路上涨的股价让我们过度自信，进而买入那些看起来前景无限的股票。但很快，股票价格开始迅速下跌，当出现了严重亏损时，我们才意识到当初“太过乐观”。一朝被蛇咬，十年怕井绳。在接下来的几年中，我们又变得太过谨慎，从而错失了各类投资机会。这样，投资风险可能会被成倍放大。就像我们从行为经济学家那里学到的一样：大多数投资者面临的重大风险不在股票市场中，而在于我们自己。

鉴于市场就是一只设计精良的指数基金。任何时候，主动型投资经理只要为了与众不同而偏离市场投资组合，那么他就是在冒险。假如他买入更多的小盘股或者新兴市场股票或者更多的收益类股票或者更多的科技股，或者以其他任何方式表达自己的主张（比如认为市场错了，这也是专家们的共识），这正说明他正在冒险。

如果你选择不入市而持有现金，你所承担的投资风险其实没有变小，反而变得更大了（即使有人说你的投资策略很保守）。一旦市场上涨，你就错过了那本该属于你的投资收益。如果你对投资组合进行了微调，以捕捉基础层面的“主题”（比如价值或者趋势等），你的投资风险同样在增加。你有可能选对了主题，但你必须选对两次才能赚到钱：第一次是选择正确的时机将你的投资组合与市场脱钩；第二次是选择正确的时机将你的投资组合与市场挂钩。

虽然主动型投资中的每个决策不一定都会错，都会导致亏损，但是它让你变得与众不同。一直以来，主动型投资经理不断地尝试通过变得与众不同而获得超额收益，他们尝试了各种千奇百怪的投资方法，但是从整体上看，结果差强人意。基金经理排行榜前 10 名和前 20 名一直在不停地变化，这恰恰说明了这一点。对于个人投资者们来说，如果是自己做主动型投资，那就是在冒一个更大的险，而他们常常不知道这个风险有多大，直到出现巨额亏损。

The Index Revolution

Why Investors

Should Join It Now

第 9 章
指数投资能帮你规避“基金经理风险”

基金经理的变动是机构投资者和高净值客户共同面对的严峻投资现实之一，比如基金经理被提拔到另一个工作岗位、被家庭事务所烦恼、年龄太大、丧失斗志或者过度自信等。基金经理所在的投资公司内部也可能出现各种不利于投资者的变化，比如基金在近期取得了良好的投资业绩致使大量的现金流入，结果要么交易成本增加（因为大宗交易驱动股票价格上涨），要么基金经理被迫买入更大盘、更具流动性的股票。其他不利的变化包括因薪酬水平、企业所有权和内部权力产生的争斗，企业组织架构的改变以及其他各种可能发生的情况。投资公司是由人组成的，组织结构极其脆弱，因此任何变化都很容易破坏稳定的局面。这就是基金经理变动会让投资者蒙受损失的原因。

投资公司常常被一些大型机构（通常是总部设在其他国家的保险公司或者银行巨头）收购。在众多的收购案例中，几乎没有一次收购能够为投资公司的客户带来好处。财务回报是收购方进行收购的主要目的。新主人理所当然地想要获得良好的资本投资回报，因此被收购的投资公司的财务回报必须达到或者超过被收购时用来推算企业收购价格的预计盈利水平。从被收购的那一天开始，冷酷的商业规则将主导一切决策，而创造力、人际信任、准确及时的内部沟通以及对每位投资客户的密切关注等这些看似无形却体现着专业投资精神的软实力，将逐渐退居次要地位或者逐渐被人们遗忘。因此，当投资公司开始报告越来越高的账面利润时，实际上，它们正在被那些以利润为己任的职业经理人（特别是那些不尊重专业投资精神的职业经理人）掏空。当客户开始意识到这种问题的时候，可能为时已晚，投资收益早已开始下滑。

投资公司和身处其中的关键人物之间的关系可能很脆弱，需要一种特殊的培养方式。任何对公司或者人员的不恰当改变都会对公司造成实质性的伤害。比如，投资公司新聘请了一位销售经理，而他为了业绩吸收了很多并不适合该公司特定投资风格的新客户；新上任的 CEO 改变了企业文化，导致若干位极具天分的投资界领军人物从公司离职；客户数量增涨得太快，以至于超出了该公司的投资能力；员工过度关注个人报酬，只关心他们可以从公司获得什么，而不关心他们可以为公司贡献什么等。

行为风险是另一种风险。当业绩连续几年欠佳，个人和机构投资者通常会对他们聘请的主动型投资经理冷眼相看，并开始转投那些近些年业绩良好的投资经理，这就产生了行为风险。对于很多投资者来说，他们无法忍受连续三年的欠佳表现，但是行为风险却导致这些投资者一而再再而三地“高买低卖”。正如前文已经指出的那样，通过仔细研究机构投资者聘请和解雇基金经理的过往记录，我们发现，平均来说，因为近期业绩不佳而遭解雇的基金经理在接下来一段时间里的业绩往往优于那些新聘请的基金经理的业绩。另一项研究发现，大多数有长期卓越投资业绩记录的基金经理也都曾有过连续三年甚至更长时间极其不佳的投资业绩记录。

投资者自我伤害，并做出有损自己长期利益的事情屡见不鲜。保持理性的投资态度、事事从长计议永远是长期投资成功的关键。指数投资非常有益的一个主要原因是它“非常无趣”。我们将在第 10 章了解到，指数投资让投资者更专注于投资，不会因为“市场先生”而分心。

第 10 章
指数投资能帮你避开“市场先生”的大麻烦

错误总是代价不菲的。在投资中，“一失足成千古恨”是家常便饭。最明显且最痛苦的错误是当股市下跌、不断下跌、持续不断地下跌之后，投资者放弃了，抛出了手头持有了很久的股票，使那些原本可以在市场反弹得到弥补的短期或者中期的账面亏损成了永恒的损失，这是永远都无法弥补的损失。另一个常见的错误是，当某些股票让所有人都热血沸腾时，一部分投资者就会开始痴迷那些股票，以至于在一个永远不会再次出现的市场高位买入那些股票，最终遭受严重损失（想想千禧年时的美国互联网泡沫吧）。

投资者有两位主要的“友敌”，他们看上去似乎是我们的朋友，但其实是我们的敌人，是我们追寻优秀投资业绩的敌人。第一位友敌是我们自己，因为我们既是很多麻烦的始作俑者，同时也是行为经济学界很多洞见的来源。另一位友敌是市场先生[①]。

股市很迷人，但是从短期看，它又很不靠谱。从长期看，股市却几近单调乏味般的可靠和可预测。想要真正了解股票市场和作为投资者的你，需要先了解两位非常不同的人物以及他们的性格特征，他们是市场先生和价值先生。市场先生获得了所有人的注意，因为他非常有趣。而上了年纪的价值先生仍然在工作，却几乎完全被投资者忽略。这很不公平！价值先生做了所有工作，而市场先生却获得了所有乐趣，并且制造了所有麻烦。

市场先生偶尔会因为他自己的热情或者恐惧而发狂。他的情绪很不稳定，有时会飘飘然，只看到企业的利好。在其他时候，他却很沮丧，认为前途坎坷，充满了各种麻烦。为了煽动我们，他不断改变证券的价格，有些时候价格变得非常快。可是，这个随和的家伙每天又时刻准备着在我们想要卖出的时候买入，在我们想要买入的时候卖出。市场先生完全不靠谱，又相当不可预测，它一次又一次地试图让我们交易，交易什么都

① 我从证券分析之父本杰明·格雷厄姆那里知晓了市场先生的习性。通过阅读格雷厄姆的书籍和文章，我学习了他的思想。更幸运的是，我有幸在他位于加利福尼亚州的家附近参加了两次为期三天的投资实践研讨会。

行。对他来说，交易越多越好。

市场先生是一个爱搞恶作剧又迷人的家伙。他不停地用各种各样的噱头和花招来挑逗投资者，比如令人大跌眼镜的企业收益报告和派息公告、突然加剧的通货膨胀、鼓舞人心的总统令、形势严峻的商品价格走势、令人称奇的新技术发布、让人作呕的破产案例甚至战争的威胁。正如魔术师是使用聪明的伎俩来转移我们的注意力一样，市场先生的诡计在短时间内可以欺骗我们，干扰我们对投资的思考。市场先生在我们面前翩翩起舞，完全不在乎会发生什么。可他为什么要在乎呢？他根本不用负任何责任。作为经济体系中的一个靠别人吃饭的家伙，市场先生只有一个人生目标：吸引别人的注意。

与市场先生完全不同，价值先生是一位非常沉着稳重的人，他从不闹情绪，也不刺激别人的情绪。他生活在寒冷艰苦的现实世界中，从来没有主观观感和情绪。他不分昼夜地工作，去发明、制造、分发商品和服务。他工作在车间、仓库、计算机实验室和零售商店中，日复一日地做着真正有价值的工作。他的角色也许并不让人激动，但的确很重要。

长远来看，价值先生总是更胜一筹。市场先生的滑稽可笑的行为最终会像沙滩上的城堡一样化为乌有。在现实的商业世界中，无论市场先生是狂喜还是沮丧，商品和服务的生产、制造和分配方式没有太大的区别。长期投资者需要避免被跳来跳去的市场先生左右，坚持那些为了实现优异长期投资业绩而制定的长期投资原则。就拿一个正在选择搬去哪儿的家庭来说，当地的实时天气与究竟是否把家搬到那里这两者毫不相关，同理，市场每日的变化对长期投资者来说毫不重要。只要忽视市场先生的花招，尽量不关注当前股价的变化，那么投资者就可以集中精力去追求实实在在的长期投资回报。

因为市场先生总是用发生在特定股票或者特定公司上的短期事件来吸引我们的注意、刺激我们的情绪，并诱使我们下单交易，所以有经验的投资者会埋头研究股票市场的历史。我们越了解证券市场过去的表现，我们就越能理解市场的真实本质，并对未来的走势做出预测。

投资是一个连续的过程，就像石油炼制、化工品生产和集成电路制造一样。在这个过程中，如果有什么地方变得“有趣”，那么一定是出了问题。这就是大多数投资者面临的最大挑战不是智力因素而是情绪因素的原因（尤其当市场先生还在不停地挑逗着你的时候）。最难的事情不是制定最佳的投资原则，而是坚持长期视角，尤其是当市场处于高位或者低位的时候，一定要坚定不移地执行既定的投资原则。

指数投资以多种方式帮助投资者识别市场先生的伎俩。即使我们开始过分关注一部分股票并最终痴迷于那些股票，但是随着指数投资对几百只股票的自动化买入，投资者再也不会被困在个股中。对我们来说，再也不会有哪只股票或者哪组股票“太重要”了（这就是外科医生从不给自己的孩子做手术的原因）。当我们买入了一只持有 500 只或者更多只股票的指数基金时，我们的心态会更平和，而这种平和会让我们能更理性地投资。

行为经济学家以向我们展示人类的不理性为乐。他们发现，我们不仅是不完全理性的（完全理性是传统经济学的核心假设），而且我们的非理性行为是可以被衡量甚至被预测的。幸运的是，我们也可以用行为经济学家的发现来更好地了解自己（以及我们的犯错倾向），这样我们就可以留心不去犯错，管好自己，最终成为更成功的投资者。

理性被情绪主宰、长期计划被短期行为支配，这是我们可能会在投资领域、在生活的方方面面犯下的最糟糕的错误。当我们冲动的时候，默默地数到 10 可能会有点帮助。但更好的做法是问问你自己：“五年以后，我还会在意这件事吗？ 10 年以后，我还会记得这件事吗？”任何能够帮助你以长期目标为中心而不会在短期内被市场先生分心的投资策略，都是真正在帮助你、对你最有利的策略。指数投资就是这样的投资策略。

第 11 章 你有更重要的事情要去做

我们每个人都希望拥有更多的时间和金钱。经济学家们不知疲倦地鼓励我们以这样一种角度去看待我们的决策：鉴于一个人的时间和金钱有限，我们所做出的大部分决策都在进行一种协调或者分配，即用于甲事物的时间或者金钱必须来自另一个不花时间或者金钱的乙事物，这正是所谓的"好钢用到刀刃上"。

如果你把投入投资的时间和金钱腾出来，那么你就可以用第 5 章给出的方法来重新分配你的自由时间，去为你最重要的投资目标和最有可能取得成功的投资原则制定一套合理的决策，并且培养坚定不移地执行既定投资原则的能力。指数投资帮助你在做出投资决策方面节省了时间和精力。现在，你可以将你的时间和精力用于那些更重要和更有效的重大决策上。好事还不只这些。

你也可以把时间花在非投资类的兴趣上，比如花更多的时间陪伴你的孩子、读你之前没时间读的书、培养一个新的爱好等。在短暂且宝贵的人生中，还有很多更美好的事情正等着你去做呢。

The Index Revolution

Why Investors

Should Join It Now

第 12 章 专家一致认为指数投资适合绝大多数投资者

尽管所有投资者都应当独立思考并亲自决定是否进行指数投资，但是他们也要知道，投资领域的顶尖专家正在一致地推荐指数投资。

大多数机构投资者和个人投资者会发现，想要持有普通股的最好办法是通过购买费用最低的指数基金。论投资净回报（扣除成本和费用之后），使用这种方法的人肯定会跑赢大多数专业投资人士。

沃伦·巴菲特

伯克希尔·哈撒韦公司主席

只有 4% 的基金能够在税后跑赢大市，而这些基金的年化收益率只有 0.6%，微乎其微。剩下 96% 的基金，也就是那些未能追上或者跑赢美国先锋 500 指数基金的基金，正以每年 4.8% 的相对亏损幅度蚕食着投资者的财富。

除非投资者能聘请到天赋异禀、极其优异的投资经理，否则他们都应当去进行指数投资。这包括几乎所有的投资者和大多数的机构投资者。

大卫·史文森（David Swensen）

耶鲁大学首席投资官

指数投资是明智之选，因它行得通。投资者若想确保自己能够在股票和债券市场所产生的投资回报中公平地分一杯羹，那么指数投资是唯一的投资策略。

约翰·博格

美国先锋集团创始人

指数基金的业绩正在不断地跑赢主动型基金经理的业绩，相对超额回报率常常能接近两个百分点。从整体上来看，主动型基金经理的毛投资回报无法超越市场总体回报。平均而言，主动型基金经理每年跑输指数基金的幅度就是基金的运营费用和基金交易成本。

伯顿·马尔基尔

美国投资大师，《漫步华尔街》的作者

第 12 章
专家一致认为指数投资适合绝大多数投资者

在当今的市场中，大多数机构投资者和几乎所有的个人投资者都能够通过投资指数基金获得更好的业绩。

本杰明·格雷厄姆

投资界泰斗

大多数个人投资者最好还是去投资指数共同基金。

彼得·林奇

富达麦哲伦基金的传奇基金经理

从第一只指数基金成立之日起已经有 40 多个年头了，指数基金仍然是所有投资者最好的财富管理之选。

雷克斯·辛克菲尔德（Rex Sinquefield）

德明信基金管理公司（Dimensional Fund Advisors）联合创始人

主动型基金经理的业绩参差不齐。如果人们明白，在他们所观察到的主动型基金经理的业绩中有多到令人难以置信的运气成分，那么人们会更怀疑主动型基金经理的投资能力。但是，这都符合我们的预期，因为正是在运气的影响下，持有非完全多元化的投资组合的主动型基金经理才会获得这样的投资业绩。换句话说，非常优秀的投资组合包含了很多非常幸运的选择，而非常糟糕的投资组合包含了很多非常不幸的、非常糟糕的选择。

尤金·法马

诺贝尔经济学奖获得者

投资者不应当欺骗自己，认为自己能够跑赢市场。他们是做不到的。跑赢市场这件事根本不会发生。

丹尼尔·卡尼曼

诺贝尔经济学奖获得者

即使是主动型基金的支持者也经常会承认，其他大多数投资者最好还是投资指数基金。但是，由于自信心爆棚，这些投资者是不会放弃投资主动型基金的。这是纯粹的妄想吗？我认为是的。

保罗·萨缪尔森

诺贝尔经济学奖获得者

你几乎永远不会找到一位能够反复跑赢市场的基金经理。所以，你最好还是买一只承诺了市场回报而费用明显很低的指数基金。

《经济学人》杂志

智者不博，博者不智。

老子

The Index Revolution

Why Investors

Should Join It Now

附录一

“聪明贝塔”究竟是怎么一回事

指数投资的盛行意味着越来越多的投资者已能够安然接受他们无法跑赢市场这一现实。可是，有一个新现象正向我们发出挑战：概括地说，就是那个所谓的“聪明贝塔（smart beta）”①，它是不以股票市值而以其他因子（比如股票动能、股息、价值、波动性或者其他因子）来编制指数的一种方法。毋庸置疑，将这个投资策略命名为“聪明贝塔”是一种聪明的营销手法，这也许是自从“死亡保险”被更名为“人寿保险”之后最成功的一次产品命名吧。从市场的广泛接受度看，聪明贝塔似乎有一种近乎神奇的吸引力，吸引着那些想要相信它可以

① 一家名为 Research Affiliates 的公司已经注册了“聪明贝塔”这一名称，并向使用这一名称的人收取费用。

跑赢指数的投资者。聪明贝塔是什么？

伯顿·马尔基尔执教于普林斯顿大学，他是投资经典《漫步华尔街》一书的作者。在发表在《投资组合管理》杂志的一篇文章中，他以一位旁观者的视角清晰地阐述了他的观点。他写道：

> ……尽管少数几只基金在其有限的基金生命周期中跑赢了市场，但是很多采用“聪明贝塔”策略的交易所交易基金并没有产生可靠的超额收益。至于一些“聪明贝塔”策略已经产生了高于市场的回报，这些额外回报应当被理解为基金承担了额外风险而获得的额外回报。选择“聪明贝塔”的投资者选择与市场组合脱钩，因为他们正在承担着与之前不同的风险。“聪明贝塔”投资组合不代表投资者有了一个精巧的“捕鼠器”。投资者应当警惕被这只更危险的捕鼠器伤到自己。“聪明贝塔”并未通过产品安全测试……

其他严谨的观察者也得出了类似的结论：对大多数投资者来说，聪明贝塔没什么用。

与投资中的其他新生事物一样，聪明贝塔的基本想法听起来非常有吸引力。从历史经验看，我们都知道市场时而上涨，时而下跌，而且不同部分的上涨和下跌幅度会有所不同。因此，当市场或者某一细分市场、或者可能驱动该细分市场的因子处于低位的时候，我们会买入股票；而当市场、细分市场、因子处于高位的时候，我们会卖出股票；然后不停地重复、重复，再重复，这听起来难道不是一个很棒的投资策略吗？遗憾的是，历史上那些神奇的投资方法（比如市场择时、投资组合保险、点数图、技术分析、可转移阿尔法等）都无一例外地以失败告终。那么，“聪明贝塔”可能会是下一个失败的例子吗？

如果投资经理能够熟练地从证券市场中海量的大大小小各种驱动因素中获得哪怕一点点优势，那么因子就是有用的。一些因子是长波属性，但大多数因子在大部分时间具有的都是短波属性。抓住中波或者短波因子的优势来获取利润的概念和已经不受人欢迎的市场择时理念如出一辙：基金经理必须能够先知先觉，知道什么时候应当买入一只因子所钟爱的股票以及什么时候应当卖出它们。

我们现在已经知晓了一些最有希望长期跑赢市场的因子。然而记录表明，这些因子中没有一个能够永远有效。每个因子时常都会有点效果，偶尔会非常有效，但从长期看，它们不可能总是对投资者有帮助。有两个原因。第一，市场会“学习”（因为投资者促使市场学习），如果一个因子有效，那投资者就会注意到这个因子，并相继买入这个因子所钟爱的股票，最终降低甚至完全消除早期投资者发现的那些经风险调整后的因子投资效用。而且，这种不断波动的额外投资回报会形成“因子择时”难题，即回报率记录看起来会非常有吸引力，尤其是处于周期性高点时，这些记录会更吸引那些经验不足的投资者。因此，只要被投资者发现，那些原本能够永续带来经风险调整后的额外回报的机会，会引起“套利”投资者的注意，最终这些因子将不值得再去投资。第二，很多提供异常机会的因子不是持久存在的，而是周期性存在的。由这些因子驱动的收益总有一天会反转，并回归到回报率的平均水平。水文学家都知道，墨西哥湾暖流总是从加勒比海附近流向英格兰，因为它随后在其自身下方回流，将海水送回加勒比海。但是在股票市场中，在一段时间内推高股价的大多数因素不可能一直发挥作用，因此，不断上升的相对价值的最终归宿就是随后的下跌或者回归平均水平。正如经济学家赫伯特·斯坦（Herbert Stein）所说：“任何不可持续的趋势是不可能长久存在的。”

正是因为没有因子能够一直推高股价，所以那些想利用众所周知的因子来赚钱的投资者必须学会判断什么时候进场，什么时候离场，什么时候再次进场（晨星公司认为，与其叫作“聪明贝塔”，不如叫作“策略贝塔”，后者至少还承认该策略需要的是主动型管理，比如决定何时买入因子，何时卖出因子）。

只有符合以下两个条件之一的时候，基于因子或者基于交易规则的投资才能长期有效。第一，投资者作为一个整体持续地存在偏见，或者以创造持久机会的方式重复犯错；第二，某位投资者在信息层面或者对基于因子的投资方法的认知拥有可利用的竞争优势。在实际操作中，投资者需要具备娴熟的技能，并且拥有足够小的基金运营规模，这样他们才不会因为逐利而改变市场整体价位，并最终导致目标因子的获利潜力被抵消。

历史总是在不断地重复。以销售为主导的证券公司将成立很多因子驱动基金来销售，市场中将会充斥着各种非常类似的基金产品，过多的资金将会竞相追逐周期性的机会。而这一切通常发生在市场最好的时候，以及某种投资策略快要失效的时候。

市场价格反映了专家的共识。任何违背专家共识的市场行为就等同于认为设定价格的专业人士都错了，这类行为本身就是一种主动型决策。和市场择时策略一样，基于周期性因子的投资策略需要正确两次（或者市场出错两次）才能赚到钱，即一次是入场那次，第二次是离场那次。因此，除了少数经验丰富的专家，对于投资者来说，这不是获得长期成功投资的可靠基础。而且，聪明贝塔给投资者带来了额外成本（聪明贝塔交易所交易基金的平均费率比传统的市值加权交易所交易基金高出约 70%，或者每年多收 3.7 亿美元的基金管理费）。有能力去执行因子投资策略的投资者很少，而有能力包装基金产品并把它卖给满怀希望的投资者的投资公司却非常多。

与其他所有类型的投资一样，因子投资的成功依靠的是高超的投资技术：应当以及应当在何时做什么，并且不该做什么。正如一些主动型经理（但人数越来越少）能够跑赢市场平均水平，一些投资经理在捕捉因子（比如动量因子和价值因子）投资机会方面的确表现出了超出常人的能力，但是能够这样做的人将越来越少。德明信投资公司多年来在因子投资方面做得很好，该公司投资流程既严谨、理智，又富有创意，同时还拥有一个经验丰富的学术专家小组。同样优秀的还有 AQR 公司（Applied Quantitative Research）。其他一些公司如果能够通过严谨的研究而捕捉到大量的投资机会，那么从长远看，它们也能实现旱涝保收。

由于大多数因子的潜力不是也不可能是永久性的，成功的投资经理必须有能力来捕捉到那些正在推动市场发展的因子，并且在这些因子有效的时候利用它们获利、在它们失效的时候及时发现其他经理还未发现的因子。想要成功，就必须反复这样做，但是这一点并不简单。投资者应当对因子投资持有谨慎和怀疑的态度。

行为经济学家可能会说，聪明贝塔投资者正在看他们想看到的东西。客观的投资专家会赞成这种说法。此时此刻，我们应当再念一遍波哥[①]的警句："我们遇到了敌人！他就是我们自己！"

① 波哥（Pogo）是 20 世纪中叶美国家喻户晓的连环漫画中的卡通人物，该漫画作者是美国著名的动画和漫画家沃尔特 • 凯利（Walt Kelly）。——译者注

附录二
如何着手开始指数投资

如果你选择主动型投资，那就意味着你要做出一系列详细却又经常很困难的决策。这些决策有的大，有的小，常常充满了不确定性和风险，而且很多决策甚至还要在不方便的时候做出。相比之下，指数投资的决策则要简单很多，而且只要确定，坚持下去即可，除非你的目标发生明显的变化导致长期投资策略发生变化。

好的开始就是成功了一半。决定进行指数投资就等于至少完成了这个任务的一半。另一半就是要确定最适合你自己的投资组合的组成，比如是股票 + 债券的组合，还是国内资产 + 海外资产的组合（对很多投资者来说，这是向有经验的投资顾问寻求服务的好时机。）具体的操作步骤如下。

1. 选择一家收费水平较低，并且能够提供各类指数基金和交易所交易基金的大型基金公司。贝莱德、道富环球（State Street Global）和美国先锋集团是市场的领导者，均符合我们的选择标准。对于指数投资者来说，基金费用方面的一个好消息是，主要的指数基金提供商的费用已经非常低了，而且费用还在继续下调。

需要注意的是，投资者仍然会被一些刚刚开始涉足指数投资的公司收取高额费用，因为这些公司认为投资者不会留意基金收费。所以，在选择基金公司时一定要小心！

2. 如果你已经开立了券商的账户，那么使用该账户购买指数基金与购买股票一样简单。你的经纪人会帮助你操作。但是，经纪人知道你选择指数投资后就不会再频繁地交易，从而使他们可能赚不到佣金，所以你可能会遇到一些阻力。

如果你身边没有注册投资顾问，或者你没有在券商那里开立账户，你可以通过拨打电话或者访问基金公司的官网来联系你想选择的指数基金经理。

你一定会对这次通话感到满意的。接听电话的客服代表业务能力很强，会指导你进行指数投资。无论你是刚刚入门，还是已经精通，这些接受过严格的培训的客服代表都会随时为客户提供帮助。因为，帮助客户顺利地进行指数投资是他们的职责所在。

大多数指数投资者会发现，开立一个新的指数基金账户只需要不到半小时。在接下来的很多年里，你将在正确的轨道上，以更低的成本获得更高的长期回报。

3. 先买入一只持有大盘股和中盘股的“普通又标准”的指数基金（比如标普 500 指数基金或者富时指数基金），或者一只包含小盘股的全市场基金。这是因为每一个指数都是市场上那些较为优质公司的股票的集合，所以每一只指数基金所包含的上市公司当然就是比较优质的公司。

4. 你的下一个决定是，是否要将“国内股”指数基金与“国际股”指数基金合并（这里使用双引号是为了提醒读者，很多“国内股”公司的大部分利润都来自国际市场，比如可口可乐。一些“国际股”公司的大部分利润则可能来自美国，比如英国石油公司）。

以市值计算，全球股票市场中一半是美国“国内股”，大约一半是“国际股”。所以，如果你想要最大限度地进行多样化投资，你可以五五平分你的投资组合。每个市场每年的涨跌幅度都不同，所以你可能想每年重新平衡一次你的投资组合，恢复你原来的指数投资组合的结构。如果你买的是一只全球指数基金（同时包含了美国股票市场和国际股票市场），那你就不需要手动进行重新平衡，因为基金公司已经帮你做这件事了。

5. 如果你喜欢少一些国际投资，你可以将国际股的比例限制到 10%、20% 或者 30%，只要你感觉合适就行（位于新西兰、西班牙、加拿大或者其他国家的投资者因本国市场较小，应当将超过一半的资产投资于本国市场之外)。

6. 因为指数投资的一大好处就是它能够如此有效地实施你的长期投资决策,所以你最好只做出那些你能够长期(十年或者更长时间)坚持下去的投资承诺。这是对你思路清晰程度的现实考验(当你有充分的理由来改变你的投资原则时,再改变你的持仓也为时不晚)。

7. 接下来,就像你会自问你是否还是一位主动型投资者一样,你需要决定你投资组合中股票和债券的比例(请注意,大多数投资者只想到了股票和债券而忽视了其他资产,比如房屋、未来的社会保障福利,尤其是未来工作收入的净现值。对于年轻的职场人士来说,未来工作收入的净现值是他们迄今为止最大的个人资产。如果你以“总揽全局”的视角来观察你的所有资产,你就不用太关心市场先生在整个投资组合中的小动作,而且你肯定会减少债券投资,因为房屋、未来的收入和社会保障福利可以被视为价值稳定的固定收益产品的等价物)。

8. 一只高级别的债券指数基金和一只权益类指数基金,无论是国内基金还是国际基金,只要以适合你的比例进行投资,你就会拥有一个多元化、低成本的投资组合。这个投资组合将以更低的风险和更低的税率跑赢大多数主动型基金。它会带给你更多的信心和安心,而且还会帮你节省时间。

9. 累积了基本的指数基金投资经验后,你可能会开始认为特定类型的投资或者某些国家的市场前景非常好，比如新兴市场的股票、小盘股。你可能会想重仓这些股票。在此，我再次提醒大家注意的是，请不要做任何你不打算坚持至少十年的事情，因为只有长期坚持指数投资，你才能够获得最好的结果。

附录三
指数基金是如何运作的

一切由指数的出现开始。指数追踪的是整个股票市场的表现。[①]紧接着是指数基金的发明。但是一开始，指数基金的规模很小。在经历了缓慢的初期发展之后，越来越多的资金开始流入指数基金和交易所交易基金。今天，股票、债券和商品的指数基金以及交易所交易基金涵盖了每个市场和各个子市场。

任何人都可以制作指数，但大多数指数是由几家专门开发指数的公司制作的。这些指数开发公司会向指数基金经理收取

① 世界上第一个指数——道琼斯工业平均指数最初由查尔斯·道（Charles Dow）于 1896 年制作，只有 12 只股票，而且它不采用股票的市值加权平均，只采用这 12 只股票的价格加权平均。

指数使用许可费。标准普尔公司已经与道琼斯指数公司合并。英国富时指数公司起初是《金融时报》与伦敦证券交易所的合资企业，现在已将弗兰克·罗素系列指数收归旗下。MSCI 一开始只包含资本国际集团制作的一组股票指数，后被摩根士丹利收购。

很多指数投资者认为指数和跟踪指数的基金都是很稳定的。这没有错。但是，指数基金的基金经理却已经开始关注其他一些问题，比如如何定义成长股指数和价值股指数等。成长和价值这两者之间没有明确的分界线。一只股票确实能从一个指数转移到另一个指数。同样的现象也发生在大盘股与中盘股、小盘股与微盘股股票上。一套纯粹“基于规则”的、具有完全透明度的指数编制方法避免了是否要将特定股票纳入指数的争论。但是，如果指数编制方法更主观一些，指数成分股的变化则会更少、更有序（指数基金的基金经理通常倾向于按照公开市场投资者可买卖的股票数量，即“流通股”进行指数加权，而把由其他公司或者由企业内部人士持有的股票排除不计）。

如果指数基金的基金经理坚持一套狭隘的、固定不变的“分界线”方法来追踪指数，那么个别股票将在“分界线”两边来回游走，投资组合的换手率和运营成本将随之上升。为了避免这种情况的出现，基金经理主张使用“范围”，而不是显眼的“分界线”作为边界。为了降低指数许可费成本，或者为了采用能够更好地反映市场现实的“更完美”的指数，指数基金的基金经理有时会更换他们所跟踪的指数。在美国先锋集团担任指数基金经理超过 25 年的格斯·索特（Gus Sauter）说，他不仅提倡用“范围”这个概念来定义指数编制规则中的边界，而且也提倡将一年中要进行的投资组合仓位变动平均分摊到每个月，每个月实施 1/12 的仓位变动，以尽量减少对市场的影响，并尽量降低执行成本。索特还认为，在指数投资中，成长和价值等概念不是由投资组合理论决定的，而是应当反映出投资经理的所思所想以及工作方式。

The Index Revolution

Why Investors Should Join It Now

附录四 专业术语

Active Investment Manager	主动投资基金经理
Active Manager	主动型基金经理
Actively Managed Mutual Funds	主动管理型互惠基金
Activist Investor	维权投资者
Benchmark Index	业绩基准指数
Cash Market	现货市场
Efficient Markets Theory	有效市场理论
Employee-thrift	员工储蓄计划
Equity Mutual Fund	股票基金
Exchange-traded Fund (ETF)	交易所交易基金
Factor Investing	因子投资

（续前表）

Fiduciary Responsibility	受信义务
Flat Fee	固定费率
Fund Family	基金家族
Fund Management Fee	基金管理费
Institutional Investment Management	机构投资管理
Investment Committee	投资委员会
Investment Consultant	投资顾问
Investment Counseling / Investment Advisory	投资咨询
Investment Manager	投资经理
Investment Policy	投资原则
Investment Style	投资风格
Leveraged Buy-out Firm	杠杆收购公司
Long-only Manager	只做多头的基金经理
Market Averages	市场平均水平
Market Efficiency	有效市场理论
Market Facilitation Trading	市场辅助交易
Modern Portfolio Theory	现代投资组合理论
Passively Managed Funds	被动管理型基金
Pension Fund Obligation	养老金负债
Pension Fund Sponsoring Corporation	养老金发起公司
Performance Fee	业绩费率
Performance Investing	绩效投资

（续前表）

Portfolio Manager	基金经理
Profit-sharing Plan	利润分享退休储蓄计划
Quant	宽客（量化分析员）
Regulation FD (Fair Disclosure)	公平信息披露法规
Risk-adjusted	风险调整
Risk-opportunity Ratio	风险-机会比率
Smart Beta	聪明贝塔
Stock Lending	股票出借

The Index Revolution

Why Investors

Should Join It Now

译者后记

2016 年春的某一天，在耶鲁大学管理学院，查利正在给我们上课，课程名为“成功投资”。

从落座的那一刻起，查利的讲课内容就深深地把我迷住了。查利曾任特许金融分析师协会主席、耶鲁大学捐赠基金投资委员会主席，他充满激情地与我们分享投资界的实操案例和多年来他本人的所思所想。查利指出，大多数主动型投资经理都没能替投资者赚到钱。查利让我们明白，尽管仍有极少数的专业投资者能够击败市场，但是时至今日，能者越来越少。就好比在高速公路上开车：如果路上的车很少，主动超车能把车开得更快；但是路上的车越多，主动超车的效果就越差；当路上有很多车的时候，最终每部车的车速就变得一样了——而这时再主动超车就有可能引发交通事故，甚至威胁到司机和车上乘客的生命安全。此时最好的策略就是跟随车流，不要变道，最终安全到达预定的目的地。这或许就是指数投资的本意和查利的人生感悟。

本书作者与译者的合影

在课上，查利还与我们分享了家庭生活、职业发展、回馈社会以及人生旅途中的其他点点滴滴。查利告诉我们，不管是金融投资还是人生旅途，一切皆须从长计议、长线思考。而指数投资恰好正是基于长期投资理念，帮助投资者取得成功。指数投资不但能帮助投资者赚取与市场风险相匹配的投资回报，还能帮助投资者腾出宝贵的时间来关注与投资者自身息息相关的投资目标以及投资原则，并最终满足投资者对美好生活的向往。指数投资，何乐而不为呢？

我有幸在耶鲁大学师从查利。两年时间里，我先是查利课堂上的学生，后又被查利聘为助教。这些经历让我对查利想要传授给同学们的精髓有了更进一步、更深入的思考。而这些耶鲁课堂精髓，在这本书中又多有体现。这也是我希望把这本书介绍给中国读者的重要原因之一。

在我心目中，查利既是严师，亦是益友，更像是家中一位慈爱的长者。在本书的翻译过程中，我频繁地约见查利，与他就本书的翻译细节进行讨论。在此期间，查利与我分享了他写这本书的缘由，表达了他对中国读者的深深敬意。我由衷地感受到，这本书不仅仅是在写指数投资，也是在写查利本人的人生感悟。

在本书的翻译出版过程中，我得到了高瓴资本创始人张磊先生的鼎力相助，在此深表感谢。我也想对连效敏女士表示感谢，她对本书的中文译稿提出了许多宝贵的修改意见。最后，我要感谢汉娜•韦布（Hannah M. Webb）女士和其他一些我的亲朋好友们。此书从开始翻译到最终出版历时两年有余，而他们对我的鼓舞和支持一直没有中断过，他们对本书的顺利面世起到了无可替代的作用。

纵观今日之中国资本市场，一个蓬勃发展的时代正在悄然走来。我认为，指数投资以其在国际投资市场上的卓越表现，定会逐渐成为中国投资者的选项之一。我觉得，是时候将指数投资的真谛以及查利的人生感悟传播回祖国、献给祖国的读者朋友们了。这正是我翻译此书的初衷。我深信，这本书会让中国的读者朋友们获益良多。

朱再青

The Index Revolution：Why Investors Should Join It Now

ISBN：978-1-119-31307-6